Dieses Schneider-Buch gehört

Christine Fink

MEHR SPASS MIT
WELLENSITTICHEN

LENI FIEDELMEIER

Schneider-Buch

Inhalt

- 5 Ein Weltbürger aus Australien
- 6 Vom Gärtnerburschen zum Naturforscher
- 12 So lebt der Wellensittich in Freiheit
- 20 Haltung des Wellensittichs
- 30 Der Käfig soll eine Wohnung sein
- 37 Freiflug – ja oder nein?
- 46 Wie wird mein Sittich zahm?
- 49 Wie lernt mein Sittich sprechen?
- 54 Und nun kaufen wir ihn!
- 60 Wie man ihn füttert
- 69 Wie pflege ich meinen Sittich?
- 75 „Wellensittich entflogen!"
- 78 Wenn der Sittich krank ist
- 87 Bunt, bunter, am buntesten
- 88 Ein Mini-Kakadu: der Nymphensittich
- 91 Sein Naturkleid ist schlicht
- 93 Seine Unterbringung
- 95 Das Futter
- 97 ... aber Platz muß man haben
- 98 Er ist ein lieber Kerl
- 103 Sittiche in der Freivoliere
- 106 Beantwortung der Fragen

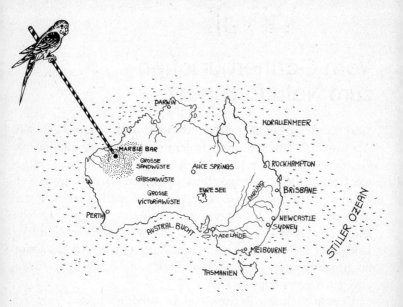

Ein Weltbürger aus Australien

Es ist heutzutage nichts Besonderes, wenn man einen Wellensittich im Haus hat. Dieser nette Vogel lebt zu Millionen in den Wohnstuben in aller Welt und ist ein ganz normales „Heimtier". Aber das war durchaus nicht immer so! Es ist noch gar nicht so sehr lange her, daß die ersten lebenden Wellensittiche nach Europa, genauer nach England, kamen, nämlich knappe 140 Jahre. Sie erregten ungeheures Aufsehen, und niemand konnte voraussagen, daß der niedliche gefiederte Australier sich in verhältnismäßig kurzer Zeit zu einem „Allerweltskerl" mausern würde.

Wie es dazu kam, will ich euch jetzt erzählen. Es ist nämlich eine interessante Geschichte.

Vom Gärtnerburschen zum Naturforscher

1804 wurde in England ein Kind namens John Gould geboren. Als junger Mann trat John in königliche Dienste und wurde Gärtnergehilfe auf Schloß Windsor. Er muß ein sehr aufgeweckter und lernbegieriger Bursche gewesen sein, denn er verrichtete nicht nur stur seine Arbeit, sondern beobachtete aufmerksam, was in der Natur um ihn herum vorging. Da ihn auch Tiere lebhaft interessierten, genügte ihm die Gärtnerei bald nicht mehr, und er wollte sein Wissen über Tiere erweitern. So ging er dann nach London und erlernte dort das Präparieren, also das Ausstopfen von Tieren.

Es mag euch mit Recht komisch vorkommen, daß einer, der „mehr über Tiere" erfahren will, dann ausgerechnet lernt, tote Tiere auszustopfen! Aber ihr müßt bedenken, daß das damals eine sehr wichtige Sache war: Man konnte nicht einfach schwuppdiwupp lebende exotische Tiere per Flugzeug aus den entferntesten Gegenden der Erde nach Europa schaffen. Es gab noch nicht einmal die Fotografie und natürlich erst recht nicht die Möglichkeit, Tiere zu filmen. Alles Dinge, die uns heute so selbstverständlich sind, daß man sich kaum vorstellen kann, daß es das einmal *nicht* gegeben hat! Die Forscher, die damals die Welt durchstreiften, vermochten die Tiere, die sie sahen – und das meist zum erstenmal –, nur mit Worten zu beschreiben. Mit etwas Talent konnten sie sie vielleicht auch noch zeichnen oder malen. Aber um sie vorzuzeigen, mußten sie die Tiere erlegen und ihre Felle und Bälge mit nach Hause bringen. Diese „Hüllen" mußten dann sorgfältig und so naturgetreu wie möglich ausgestopft werden, damit sie der Wissenschaft als Anschauungsmaterial dienen und in Museen der Öffentlichkeit gezeigt werden konnten. Mit dem „naturgetreu" gab es natürlich große Schwierigkeiten, weil man zuwenig Anhaltspunkte über das wahre Aussehen der Tiere hatte.

Eigentlich ist es ganz logisch, daß unser wißbegieriger John Gould sich auf die Dauer nicht damit begnügte, Tiere zu präparieren, daß er wieder einmal mehr wollte, nämlich sie lebend in ihrer natürlichen Umgebung sehen und beobachten.

Vielleicht gab ihm der Sittich, der 1831 als erster seiner Art in einem Londoner Museum ausgestopft zu sehen war, den letzten Anstoß zu seiner Australienreise.

Das ging nun nicht so einfach vor sich wie heute, wo man sich in einen Düsenklipper setzt und nach mehr oder weniger anstrengendem, aber doch nur Stunden währenden Flug auf einem fernen Kontinent landet! Es gehörte schon Mut dazu, eine wochen- oder gar monatelange, gefährliche Reise mit dem Segelschiff zu machen. Und man brauchte außer Mut noch eine ordentliche Portion Abenteuerlust, um in ein „wildes", so gut wie völlig unbekanntes Land zu fahren. Was einen dort erwartete, ließ sich in keiner Weise abschätzen, denn niemand wußte, was ihn in Gegenden, die noch kein Weißer betreten hatte, an gefährlichen Begegnungen mit Menschen und Tieren bevorstand. Die Männer, die sich auf solche abenteuerlichen Reisen begaben, kann man fast den kühnen Männern gleichsetzen, die vor wenigen Jahren den Weltraum erobert und den Mond betreten haben. Das ist gewiß ein noch größeres Abenteuer gewesen, weil der Mensch seinen Lebensraum, die Erde, verlassen mußte. Aber die Weltraum- und Mondfahrten waren bis ins kleinste vorbereitet. Man wußte vorher ganz genau, wie es auf dem Mond aussah. Jene Männer, die einst die „weißen Flecke" auf dem Globus tilgten, hatten gar keinen Anhaltspunkt. Es waren „Reisen ins Blaue", und mancher mußte seine Wißbegier mit dem Leben bezahlen.

Vielleicht könnt ihr euch das alles nicht so recht vorstellen.

Wir setzen uns heute gemütlich vor das Pantoffelkino und „reisen mit". Ob ins ewige Eis, in tropische Regenwälder, in Wüsten und Steppen: Die Wildnis kommt zu uns ins Zimmer, mit Originalton und in Farbe ... Da verliert man schon ein bißchen den Maßstab, hält das alles für selbstverständlich. Aber ich denke, ihr habt trotzdem noch genug Phantasie, um euch die Mühsalen und Gefahren vor Augen zu halten, denen jene Männer ausgesetzt waren, die als erste in unbekannte Teile der Welt vordrangen. Solche Reisen sind ja auch heute noch kein Zuckerlecken! Tierfilmer wie Professor Grzimek oder Heinz Sielmann dürfen keine Strapazen scheuen und müssen in ihrem „Gepäck" eine riesige Portion Geduld mitnehmen, um uns dann in ihren Filmen fremde Welten zeigen zu können.

Aber nun zurück zu „unserem" John Gould. Er war zwar nicht der erste, der die kleinen Papageien sah, aber er beobachtete als erster ihr Leben in freier Wildbahn. Entzückt berichtet er davon, wie große Scharen grasgrüner „Wellenpapageien" in der Steppe herumschwirrten.

Ich werde euch durch das ganze Buch hindurch Fragen stellen, damit ihr euch überzeugen könnt, ob ihr euch auch alles gemerkt habt. Die Beantwortung der Fragen findet ihr am Ende des Buches.

Frage 1:

Warum nannte John Gould sie „Wellenpapagei"?
1. Weil sie einen wellenförmigen Flug hatten
2. Weil ihr Gefieder eine wellenförmige Zeichnung hat

Antwort: *John Gould gab den Sittichen*

Wenn ihr euch jetzt einen „Wellenpapagei" betrachtet, werdet ihr die Frage leicht beantworten können!

1840 glückte es John Gould dann sogar, ein Pärchen Wellenpapageien lebend mit nach England zu bringen.

Denkt nun nur nicht: na und?

Selbst heutzutage ist es oft äußerst schwierig, gerade Vögel, die sehr empfindlich sind, heil über weite Strecken zu befördern. Und nun stellt euch vor, wie das damals vor sich ging. Die Tierchen mußten eine lange Schiffsreise überstehen, ihre Ernährung war auch ein riesiges Problem, und darum war John Goulds geglückter Versuch so aufsehenerregend. Das Vogelpärchen wurde wie ein Wunder bestaunt, und natürlich verspürten viele den Wunsch, nun auch so einen Wellenpapagei aus dem fernen Australien zu besitzen. Wer es sich leisten

1840 glückte es John Gould, ein Pärchen Wellenpapageien lebend mit nach England zu bringen

konnte, war gern bereit, dafür tief in die Tasche zu greifen. Seeleute mit einer „Nase" für gute Geschäfte erkannten ihre Chance. Sie schleppten von jeder Australienfahrt viele der kleinen Papageien mit nach England, ohne jede Rücksicht auf Verluste. Denn die armen kleinen Dinger starben natürlich zu Hunderten und Tausenden. Doch die wenigen, die den Transport überlebten, wurden so hoch bezahlt, daß sich das „Geschäft" trotzdem noch lohnte. Den Fängern mußten die Seeleute nämlich nur ein paar Cents für einen Vogel bezahlen...

Das unvernünftige Verlangen nach dem Besitz eines seltenen Vogels und die Raffgier der Händler führten dazu, daß die einst riesigen Scharen der kleinen Papageien nur so dahinschmolzen. Doch da geschah etwas, was Bewunderung verdient: Man erkannte in Regierungskreisen die Gefahr, die den gefiederten australischen „Mitbürgern" drohte, befürchtete, daß sie über kurz oder lang ganz verschwinden würden, und verbot 1894 nicht nur die Ausfuhr von Wellensittichen, sondern vorsichtshalber auch die von allen Zwergpapageien. Dieses Verbot besteht auch heute noch, und man muß den weitblickenden australischen Politikern jener Zeit ein ganz großes Lob spenden.

Was aber geschah nun in der „Alten Welt", in England und auf dem Kontinent? Die Vogelliebhaber hatten sich schließlich sehr an die munteren Australier gewöhnt. Mußte man nun, wenn der letzte eingeführte Wellensittich gestorben war, auf diesen Zimmergenossen verzichten?

Durchaus nicht. Es war etwas geschehen, was keineswegs selbstverständlich ist: Die Vögel erwiesen sich als sehr anpassungsfähig. 1850 schlüpften im Zoo von Antwerpen die ersten „europäischen" Wellensittiche, es war der Beginn einer erfolgreichen Zucht. In Deutschland züchtete 1855 Gräfin Schwerin die ersten Wellensittiche. Sie hatte das Zuchtpaar in England gekauft. Zwar mußte man um die Mitte des vorigen Jahrhunderts für ein Pärchen noch soviel anlegen wie heute für ein wertvolles Schmuckstück, doch schon dreißig Jahre später

Auch diesen besonders farbenprächtigen Halsbandtrogon hat John Gould nach Europa gebracht

brauchte man nur noch ein Zehntel dieser Summe zu zahlen. Und heute ist ein guter Käfig wesentlich teurer als der Piepmatz, der darin wohnen soll...

Das also ist die Geschichte, wie aus dem australischen Kleinpapagei ein „Weltbürger" wurde.

John Gould, der erste „Importeur" von Wellensittichen, durchstreifte übrigens nicht nur Australien, er besuchte viele ferne Länder. Aus dem einstigen Gärtnerburschen wurde ein hochangesehener Vogelkundler und Zoologe. Was er auf seinen Reisen beobachtete, veröffentlichte er später in vielbeachteten Büchern. Einige Tiere, die er als erster gesehen und beschrieben hatte, wurden sogar nach ihm benannt. Wenn ihr nun einmal einen Vogel seht, der „Gould-Amadine" heißt oder im Zoo einen „Gould-Waran", dann wißt ihr, warum diese Tiere so heißen und wessen Namen sie tragen.

Und nun wollen wir aber wissen, wie die Wellensittiche in Freiheit leben, wie sie sich dort verhalten und warum das so sein muß. Zwar ist der gezüchtete Wellensittich ein ausgesprochenes Heimtier geworden, aber er reagiert noch in vielem genauso wie seine „wilden" Verwandten in Australien. Wir werden sein Verhalten viel besser verstehen, wenn wir wissen, wie ein freilebender Wellensittich sich in seiner Umwelt verhält.

So lebt der Wellensittich in Freiheit

Australien ist der kleinste der fünf Erdteile. Zwei Drittel des inneren Landes gehören zum sogenannten „subtropischen Trockengürtel". Dieser ist trockenes Steppen- und Buschland, in dem der Mensch ein schwieriges Leben führt. So liegt zum Beispiel der heißeste Ort der Erde im Westen Australiens. In Marble Bar werden an 100 Tagen hintereinander mehr als 38 Grad Hitze gemessen! Das gäbe bei uns 100 Tage hitzefrei.

*Eine geeignete „Wohnung" finden die Wellensittiche
in den Eukalyptusbäumen*

Dieses trockene Hügelland mit lichten Eukalyptuswäldchen und wenigen Wasserstellen rund um Marble Bar gehört zu den australischen Landstrichen, die von riesigen Wellensittichschwärmen bewohnt werden. Hart, sehr hart sogar sind die Lebensbedingungen für die gefiederten Urbewohner! In den Eukalyptusbäumen finden sie zwar immer genug Bruthöhlen, und sie pflanzen sich auch eifrig fort. Aber dazu gehört ja noch mehr als nur eine passende „Wohnung". Futter zum Beispiel, das aus den Samen der Steppengräser besteht. Diese aber wachsen, blühen und bilden nur dann Samen, wenn es wenigstens ab und zu mal Feuchtigkeit gibt. Doch da hat die Natur sehr gut vorgesorgt. Damit die Bruthöhlen nicht voll hungriger Kinder sitzen, wenn kein ausreichendes Futterangebot vorhanden ist, erlischt der Fortpflanzungstrieb bei den geschlechtsreifen Wellensittichen, sowie das Futter knapp wird. Wird es ganz arg mit der Dürre, ziehen die Wellensittichschwärme auf und davon, und machen sich auf die Suche nach einem „besser gedeckten Tisch". Ist aber reichlich Futter vorhanden, dann brüten die kleinen Papageien sozusagen „am laufenden Band", also eine Brut folgt der anderen.

Doch nicht nur das Futter ist ausschlaggebend. Auch Wassermangel ist eine ganz böse Sache. Viel Wasser gibt es hier ohnehin nicht. Doch in besonders argen Dürrezeiten kann es zu großen Katastrophen kommen. In „Grzimeks Tierleben" wird berichtet, daß 1931 ein Farmer einmal fünf Tonnen ertrunkene Sittiche aus einem Teich fischen mußte. Ungefähr hunderttausend Vögel hatten sich, von Durst gequält, an der kleinen Wasserstelle eingefunden und sich gegenseitig ins Wasser gedrängt. Derart verheerende Dürrefolgen kommen zum Glück selten vor, aber ihr könnt an diesem Vorfall erkennen, daß das Leben der Wellensittiche keineswegs nur aus „lustigem Herumfliegen" besteht, daß sie sich wie alle Lebewesen im Lebenskampf bewähren müssen. Inwiefern die genaue Abstimmung zwischen Nahrungsangebot und Brutlust auch bei unseren gezüchteten Wellensittichen eine Rolle spielen kann, sehen wir später im Kapitel über die Haltung von Wellensittichen.

Ihr werdet sicher gemerkt haben, daß ich fast immer von Wellensittichen in der Mehrzahl schreibe. Und sicher habt ihr auch sonst schon gehört oder gelesen, daß es gesellig lebende Vögel sind, die allein unglücklich werden. Aber über dieses Problem unterhalten wir uns später noch eingehend im Haltungs-Kapitel. Jetzt will ich euch erst einmal schildern, wie sich das Leben der kleinen Gesellen in freier Wildbahn abspielt.

Zu Tausenden sitzen sie schwatzend in den Eukalyptusbäumen, zu Tausenden fliegen sie in einem riesigen Pulk hinaus in die Steppe zum Futtersuchen. Geschäftig laufen sie dabei auf dem Boden herum, picken die Samen auf und füllen ihre Kröpfchen. Sie sind zwar ausgezeichnete Flieger, aber das Fliegen ist bei ihnen sozusagen „drittrangig". Sie klettern liebend gern, und sie laufen gern auf dem Boden herum. Das ist auch wieder von der Natur sehr sinnvoll eingerichtet, denn Wellensittiche fangen nicht wie andere Vögel „fliegende" Beute aus der Luft oder müssen auf der Suche nach Insekten, Käfern oder Raupen von Baum zu Baum fliegen. Sie finden nämlich ihre Nahrung ausschließlich in Bodennähe. Auch unsere gezüchteten Sittiche laufen gern herum, wenn sie nur Platz genug dazu haben in ihrem Bauer! Droht nun eine Gefahr, die ja sehr plötzlich auftauchen kann, stürmt die ganze Schar in einer dicht geschlossenen Wolke in irgendeiner Richtung „blindlings" davon. Es ist ja Raum genug für so eine spontane Massenflucht vorhanden, keiner muß erst „überlegen", ob in der eingeschlagenen Fluchtrichtung nicht ein Hindernis auftauchen könnte, an dem er sich den Kopf einrennt.

Und wieder müßt ihr euch diesen Punkt vormerken, über den ich im Haltungs-Kapitel noch ausführlich berichten werde. Ich erzähle euch deshalb soviel über das Freileben der Sittiche, weil sich daraus auch das Verhalten der gezüchteten Vögel erklären läßt!

Was ich geradezu verblüffend finde: In dieser großen, engen Gemeinschaft, in der alle ganz selbstverständlich zu gleicher Zeit das gleiche tun, finden sich die einzelnen Paare und bleiben auf Lebenszeit zusammen! Man könnte sich doch gut vorstellen, daß bei diesem Gemeinschaftsleben auch kunterbunt durcheinander „geheiratet" wird. Sicher gibt es eine ganze Reihe von Vögeln, die in strenger Einehe leben. So die Papageien oder die Rabenkrähen. Sehr häufig gibt es aber in der Natur auch die Vielehe, nämlich ein Männchen hat mehrere Weibchen. Bei

Wellensittichen gibt es das nicht. Haben sich zwei gefunden, sind sie sich wirkliche „Lebens"-Gefährten. Vereinzelt ergaben allerdings Beobachtungen an Zucht-Wellensittichen in großen Volieren, daß die Herren es mit der Treue doch nicht so ganz genau nahmen und sich hin und wieder nach einer anderen Dame umsahen, wenn die eigene Frau mit Brüten beschäftigt war.

Die Weibchen haben übrigens „das Sagen". Sie müssen für die Bruthöhle sorgen, müssen die Wohnung so instand setzen, daß darin gebrütet werden kann. Gewiß sind in den Eukalyptusbäumen viele natürliche Löcher vorhanden, die sich als Bruthöhlen eignen. Aber das Wellensittichweibchen hat trotzdem viel zu tun. Es muß die Höhle vielleicht vertiefen oder erweitern, damit sie allen Ansprüchen genügt. Das Weibchen ist für diese Tätigkeit mit dem weit kräftigeren Schnabel ausgerüstet. Das Männchen mit dem nicht so leistungsfähigen Krummschnabel sitzt daneben und guckt der fleißigen Zimmermannsarbeit des Weibchens zu. Gegen ihre Artgenossinnen kann das Weibchen sehr bösartig werden. Die Männchen hin-

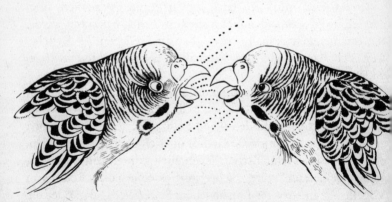

Bei den Weibchen fliegen nicht nur Federn, da kann es auch zu bösen Verletzungen kommen

gegen kämpfen eher zum Schein. Aber bei den Damen fliegen nicht nur die Federn, es kann zu tödlichen Verletzungen kommen. Auch das ist wieder eine ganz wesentliche Veranlagung, die bei Zuchtvögeln zu richtigen Tragödien führen kann, wenn man darüber nicht Bescheid weiß.

Fängt das Weibchen dann mit dem Eierlegen und Brüten an, muß das Männchen seinen Teil an der Ehegemeinschaft erfüllen. Es ist für die Versorgung des Weibchens mit Nahrung zuständig. Unermüdlich schafft das Männchen in seinem Kropf Futter herbei und verabreicht es dem fleißig brütenden Weibchen. Er löst sie nicht ab bei dem Brutgeschäft, wie es bei vielen anderen Vögeln der Fall ist. Aber dafür wird sie vollkommen von ihm versorgt und kann sich ganz auf ihre Bruttätigkeit konzentrieren.

Dieser starke Fütterungstrieb des Männchens macht sich auch bei gezüchteten, einzeln gehaltenen Sittichen häufig bemerkbar. Oft befürchten die Besitzer dann, der Vogel sei krank. Eigentlich ist er das auch in gewissem Sinn, er ist „liebeskrank", ihm fehlt in besonders starkem Maß der natürliche Partner. Womit wir wieder bei dem Problem der Einzelhaltung wären, das im nächsten Kapitel behandelt wird.

Etwa 18 Tage müssen die Eier bebrütet werden, bis die Jungen schlüpfen. Da das Weibchen aber nun sofort nach dem ersten gelegten Ei mit dem Brüten beginnt, schlüpfen nicht alle Jungen gemeinsam. Das Erstgeborene kann schon 5 oder 6 Tage alt sein, je nachdem, wieviel Eier gelegt wurden, und dann kriecht erst das Nesthäkchen aus dem Ei. Aber das macht gar nichts. Die Eltern – nun alle beide – sorgen rührend für alle Nachkömmlinge und kein Kind kommt zu kurz.

Die große Zeit des Brütens fällt mit einem bestimmten Reifestadium der Gräser zusammen. Wenn die Samen noch weich und milchig sind, können die Altvögel daraus das beste Futter für ihren Nachwuchs bilden. Solange es also Grassamen in dieser Beschaffenheit gibt, wird auf „Teufel komm raus" gebrütet. Versiegt der Nahrungsquell, versiegt auch die Brutlust. Kommt große Dürre, so daß nichts mehr wächst, kann es leicht der Fall sein, daß die ganze Gesellschaft auswandert. Die ganze Wellensittich-Schar ist auf der Suche nach einem besseren Wohnort. Da das aber keineswegs ein einfacher Standortwechsel ist, sondern unter Umständen eine lange, kräftezehrende Reise bedeutet, treten auch bei diesen Zügen große Verluste auf. Doch bleiben konnten die Tierchen auch nicht, denn dann wären wahrscheinlich alle verhungert. So aber überleben immer welche, und natürlich die Kräftigsten. Kommen dann wieder günstige Zeiten mit viel Nahrung, wird sofort emsig für Nachwuchs gesorgt. Die Verluste gleichen sich also wieder aus.

Wellensittiche kommen mit sehr wenig Wasser aus, aber ganz ohne Wasser können auch sie nicht leben. Es genügen ihnen meist schon die Tautropfen an Gräsern und Zweigen. Dieser sparsame Wasserverbrauch, der durch die Umwelt in der sie leben bedingt ist, macht sich auch auf andere Art bemerkbar. Während sehr viele, ja, ich möchte sogar sagen, die meisten Vögel ganz großen Wert auf gründliches Baden legen, halten Wellensittiche gar nichts von einem Vollbad. Sie wälzen sich im nassen Gras, auf von Tau benetzten Blättern und das genügt ihnen.

Als ich das einmal in einem Artikel schrieb, bekam ich mehrere Zuschriften, in denen mir Wellensittiche vorgestellt wurden, die sehr gern ein richtiges Bad nahmen! Dazu kann man wieder sagen: keine Regel ohne Ausnahme!

Ich habe euch erzählt, daß die Landstriche Australiens, in denen die Wellensittiche beheimatet sind, zum „subtropischen Trockengürtel" gehören. Das verführt zu dem Schluß: Wellensittiche müssen es immer sehr warm haben. Aber das stimmt nicht. Auch in Australien kann es empfindlich kalt werden und lange Regenperioden geben. Darum ist es durchaus möglich, Wellensittiche das ganze Jahr hindurch in einer Freivoliere zu halten, vorausgesetzt, daß für den Winter ein trockener, zugfreier Raum zum Übernachten und zum beliebigen Aufenthalt vorhanden ist.

So, nun wißt ihr eine Menge über das Leben der Sittiche in freier Wildbahn. Und nun wollen wir uns einmal ansehen, wie sich die angeborenen Verhaltensweisen der wilden Artgenossen bei unseren zahmen Stuben-Putzis auswirken können und was wir beachten müssen, um unsere kleinen Freunde vor Schaden zu bewahren.

Ein Vollbad ist nicht nötig, Tautropfen genügen

Haltung des Wellensittichs

Hm – nun habe ich geschrieben Haltung „des" Wellensittichs. Und damit wären wir auch schon bei dem wohl heißesten Eisen der Wellensittichhaltung: der Einzelhaltung. Aber hören wir uns erst einmal an, welche Ansicht erfahrene Zoologen vertreten:

Dr. Carl Stemmler-Morath, ein weit über die Schweiz hinaus bekannter Vogelkundler und Zoologe, schreibt: „Ein Wellensittich ist kein Wellensittich" und begründet seine Auffassung damit, daß sie ja in freier Natur stets in riesigen Schwärmen zusammenleben. Er schreibt weiter: „Bei uns sperrt man diese netten, geselligen Vögel einzeln in oft noch viel zu kleine Käfige und nennt sich selber ‚Tierfreund'. Ein Wellensittich allein kann sich aber niemals so geben, wie er gern möchte. Er bleibt also nur ein ‚halber' Vogel." So weit Dr. Stemmler-Morath.

Dr. Rosl Kirchshofer vom Frankfurter Zoo schreibt: „Wellensittiche sind gesellige Tiere, deshalb sollte man sie nach Möglichkeit wenigstens paarweise oder gar zu mehreren halten. Hat man nur einen, schließt er sich wohl enger an seinen Pfleger an, ist aber doch ein bedauernswertes Geschöpf. Der Besitzer sieht ihn ja nur, wenn er selbst daheim ist, und in dem Augenblick ist der stundenlang sich selbst überlassene Vogel natürlich ‚überglücklich' und entsprechend lebhaft. Während er aber allein ist, schaut die Sache wesentlich anders aus. Dann sitzt er still und gedrückt auf der Stange und muckst sich nicht."

Das sind zwei Meinungen von sehr sachverständigen Leuten, die man nicht einfach beiseite schieben kann. Aber was soll man tun, wenn man nun wirklich nur *einen* Sittich halten kann?

Hören wir uns noch einen dritten Experten an, Eberhard Trummler, von dem ihr vielleicht auch schon mal gehört, seine Bücher gelesen oder seine Fernsehbeiträge gesehen habt. Er schreibt: „... bei einem derart ausgeprägten Bedürfnis nach Zärtlichkeitsaustausch verbietet sich die Einzelhaltung eines Sittichs auf jeden Fall dort, wo man nicht wenigstens einen halben Tag Zeit für ihn aufbringen kann."

Also, wenn schon ein einzelner Sittich, dann nur, wenn er nicht den größten Teil des Tages stumpfsinnig und öde allein verbringen muß. Das ist die Grundbedingung! Im Klartext heißt es: Sind beide Eltern den ganzen Tag außer Haus berufstätig, ihr selbst seid vormittags in der Schule und habt nachmittags auch keine Zeit für den Wellensittich, dann laßt die Finger von solch einem gefiederten Freund und beweist auf diese Weise, daß ihr wirkliche Tierfreunde seid! Ist eure Mutter zu Hause und bereit, sich ein bißchen mit dem Vogel zu beschäftigen, mit ihm zu sprechen, dann sieht die Geschichte schon sehr viel hoffnungsvoller aus.

Aber alle Klippen sind auch dann noch nicht umschifft. Vergessen wir den Hauptdarsteller nicht, er hat ein sehr wesentliches Wort dabei mitzureden.

Es gibt Wellensittiche, die sich nahezu problemlos an ihre Menschenfamilie gewöhnen, sie mehr oder weniger als Ersatz für ihre Artgenossen anerkennen und ein vergnügtes Leben als „Einzelvogel" führen. Und es gibt andere, die sich ganz und gar nicht mit dieser Rolle abfinden können. Ihr Verlangen nach einem Artgenossen ist so stark, daß sie nur vor sich hintrauern oder aber in ständiger sexueller Erregung dauernd Futter auswürgen, um ihr Spiegelbild oder sogar Menschen so zu atzen, wie sie es gern mit ihrer Frau oder ihrem Nachwuchs täten. Diese Tierchen kann man wirklich nur bedauern und man sollte versuchen, sie an einen größeren Sittichbestand zu verschenken. Kommen sie zum Beispiel in eine Freivoliere zu vielen anderen Artgenossen, können sie wieder einem „sittichgerechten"

Leben zugeführt werden. Hat man genug Platz, möchte sich nicht von dem lieben Kerlchen trennen, dann kann man natürlich auch den Versuch machen, ihm eine Gefährtin zu geben. Oder einen Gefährten, wenn es ein Weibchen ist. Das geht aber leider auch nicht immer gut, denn nicht immer sagen die beiden Piepmätze „Ja" zueinander.

Uff, werdet ihr denken, so viel Schwierigkeiten! Tröstet euch und verliert nicht schon an dieser Stelle den Mut – es *muß* ja nicht so kommen, aber es *kann*. Und da ihr in diesem Büchlein soviel wie möglich über Wellensittiche erfahren sollt, gehören auch die Kümmernisse und Schwierigkeiten dazu.

Wenn ihr einen zweiten Sittich anschafft, dürft ihr ihn natürlich nicht so einfach zu dem vorhandenen in den Käfig setzen, denn das könnte der Friedlichste übelnehmen. Am besten ist es, ihr leiht euch einen zweiten Käfig aus und stellt ihn mit dem neuen Vogel neben den alten. Dann beobachtet ihr still aus einiger Entfernung, was Nummer 1 zu Nummer 2 meint. Es kann da allerhand passieren.

Erste Möglichkeit: Beide nehmen überhaupt keine Notiz voneinander. Dann heißt es abwarten.

Zweite Möglichkeit: Nummer 1 fährt wütend durch das Gitter auf Nummer 2 los – oder auch umgekehrt. Dann heißt es ebenfalls abwarten und etwas Zwischenraum zu schaffen, damit die zwei sich nicht hacken können.

Dritte und zugleich „Traum-Möglichkeit": Nummer 1 fängt sofort mit Nummer 2 ein zärtliches Geschnäbel durch das Gitter an.

Laßt euch aber dann trotzdem nicht dazu verführen, nun beide gleich ganz zusammenzusetzen – Vorsicht ist nun einmal die Mutter der Porzellankiste. Laßt sie ein paar Tage durchs Gitter schmusen. Dann müßt ihr mit viel Geschick und der Hilfe einer zweiten Person die beiden Käfige mit beiderseits geöffneten Türchen eng nebeneinander stellen, so daß der eine, wenn er will, zum anderen in den Käfig hüpfen kann. Aber bitte in der Nähe bleiben, und sollte es wider Erwarten doch Krach geben, schnell versuchen, jeden wieder in sein Reich zu schicken, Türen zu — und weiter nebeneinander stehenlassen. Gewohnheit ist eine sehr starke Macht, und mit der Zeit kann man auf diese Weise häufig sogar solche Wellensittiche aneinander gewöhnen, die anfangs wie Raufbolde aufeinander losgegangen sind.

Ich möchte euch aber noch einen Tip geben, wie ihr die beiden Käfigtüren öffnen und die Käfige aneinanderstellen könnt, ohne daß die Insassen sich empfehlen:

Ihr nehmt zwei Stück sehr feste Pappe oder noch besser zwei dünne kleine Holzplatten. Nun stellt ihr euch erst die Käfige zurecht. Sie müssen Tür gegenüber Tür stehen. Dann öffnet jeder von euch — ich habe ja schon gesagt, das müssen zwei Personen machen! — ein Türchen, ganz langsam und vorsichtig, und schiebt dabei die Pappe oder das Holzbrettchen vor die Öffnung, so daß diese immer verschlossen bleibt. Nun werden die Käfige aneinandergeschoben, wofür man fast noch eine dritte Person benötigt. Wenn die Käfige Öffnung an Öffnung stehen, zieht man langsam und vorsichtig erst die eine, dann die andere Pappe (oder die Brettchen) weg. Bitte die Käfige noch fest aneinanderdrücken und nun oben und unten an den Seiten mit etwas Draht zusammenbinden, damit sie nicht durch die Bewegungen der Vögel auseinanderrücken können. Draht ist am sichersten, weil Sittiche ja einen scharfen Schnabel haben und Bindfaden sehr schnell zerbeißen könnten. Das alles muß ohne Geschrei und lautes Reden, ganz schön ruhig passieren, denn hastiges Hantieren und lautes Gerede machen die Vögel nur kopfscheu. Es klingt so geschrieben alles furchtbar kompliziert, ist es aber gar nicht. Vielleicht stehen irgendwo bei einer Freundin oder einem Freund leere Vogelkäfige herum, dann könnt ihr ja damit mal üben. Aber es ist wirklich nicht schwer, nur ruhig und gelassen muß man dabei bleiben. Und sich die richtigen Helfer heranholen, denn wenn ihr anfangt zu schimpfen: „Du Schaf, so wird das doch nie was!" und ähnlich Freundliches, werdet ihr auch laut. Und das, wie gesagt, können die Vögel gar nicht vertragen.

Aber bedenkt bitte eins: *Zwei* Sittiche brauchen einen größeren Käfig als einer allein! Über die Käfiggröße sprechen wir dann noch. Ebenso über die Art des Käfigs, denn beides ist für das Wohlbefinden eures Sittichs von größter Bedeutung.

Aber zurück zu dem Einzelsittich. Es ist ja nicht nur Platzmangel, der viele Tierfreunde davon abhält, sich zwei Sittiche zuzulegen. Es ist auch der Wunsch, einen möglichst zutraulichen, zahmen Piepmatz zu haben – und möglichst einen, der dann auch „sprechen" lernt. Ich muß zugeben, daß dieses Nachahmen der menschlichen Sprache sehr drollig ist, zumal die Vögel das Gelernte dann so verblüffend richtig benutzen, daß man ohne weiteres glaubt, sie könnten denken und wüßten ganz genau, was sie sagen. So ist es zwar nicht, aber schon die unglaublich feine Beobachtungsgabe der Tierchen, die dann oft genau im passenden Augenblick das passende Wort oder den passenden Laut anbringen, ist ja eine sehr erstaunliche Sache! Ich werde euch dazu später noch ein paar lustige Geschichten – wahre natürlich! – erzählen und Ratschläge geben, wie ihr eurem Sittich das Sprechen beibringen könnt.

Nur – das muß ich euch gleich sagen – ist durchaus nicht jeder mit der Begabung ausgestattet, Worte nachzusprechen. Auch darüber später mehr.

Wir haben gelernt, daß die Sittiche in der Freiheit sehr verträglich in großen Schwärmen leben, daß die Weibchen aber unter Umständen Kämpfe um ein Männchen oder eine Bruthöhle führen. Daß es dabei Tote gibt, hat noch niemand beobachtet. Anders kann es bei unseren Zuchtsittichen zugehen. Da kann folgendes passieren: Zwei Sittichweibchen lebten ein halbes Jahr friedlich und gut zusammen, schnäbelten miteinander und waren sehr zufrieden. Da dachte die Besitzerin, es wäre vielleicht natürlicher, das eine Weibchen gegen ein

Männchen auszutauschen. In dem Zoogeschäft sagte man ihr, man könnte keinen Vogel zurücknehmen, aber sie könnte doch einfach ein Männchen zu den beiden Weibchen setzen, das ginge ohne weiteres. Natürlich verließ die Besitzerin sich auf diesen Rat, kaufte ein Sittichmännchen und setzte es zu den beiden Weibchen. Der Sittichmann zeigte sich äußerst schüchtern, und die beiden Weibchen bemühten sich sehr um ihn, aber er traute sich offenbar nicht so recht, einer der Schönen seine Gunst zuzuwenden.

Wie es dann zu der Tragödie kam, hat die Besitzerin nicht beobachtet. Aber nach einer Woche platzte der einen Dame offenbar der Kragen: Sie hatte das andere Weibchen angegriffen und so verletzt, daß das arme Tierchen starb. Das „Streitobjekt" saß gelangweilt auf der Schaukel, den Sittichmann schien das alles nicht sehr zu berühren. Aber die „Siegerin" warb nun doppelt eifrig um ihn – aus den beiden wurde tatsächlich noch ein glückliches Paar. Immer aber war das Weibchen die Aktive, *sie* munterte ihn zu Zärtlichkeiten auf, nicht etwa umgekehrt.

Was war da vorgegangen, warum war das passiert?

Fast müßtet ihr euch das allein beantworten können, wenn ihr alles aufmerksam gelesen habt!

Es ist doch so: Kommt es in der Natur zu solchen Rivalenkämpfen, kann der oder in diesem Fall die Unterlegene fliehen, bevor es ganz ernst wird. Im Käfig oder auch in einem Zimmer, selbst in einer Voliere ist dieser Fluchtraum aber „unnatürlich" begrenzt, und irgendwo geht es nicht weiter. Und dann gibt es eben einen Kampf, bis einer auf der Strecke bleibt. Je enger der zur Verfügung stehende Platz ist, um so schneller wird aus einem normalen Rivalenkampf ein blutiger Mord.

Na, euch kann so etwas nicht passieren. Ihr wißt, daß Wellensittiche in Einehe leben, also daß man nicht ein Männchen zu zwei Weibchen setzen darf! Daß die Besitzerin der beiden Weibchen das nicht wußte, kann man ihr nicht übelnehmen, denn wo kann man das schon nachlesen! Aber daß man in der Tierhandlung einen derart falschen Rat gegeben hat, ist doch ziemlich schlimm! Oder findet ihr nicht?

Ihr könnt noch etwas anderes aus dieser Geschichte lernen: Es ist durchaus möglich, zwei Weibchen miteinander zu halten. Solange kein Männchen in der Nähe ist, vertragen sie sich ausgezeichnet. Vorausgesetzt, sie sind von klein auf zusammen.

Verträglich auf engem Raum ... Sicher habt ihr schon in einer Tierhandlung gesehen, daß viele Sittiche in einem großen Käfig sitzen. Die vertragen sich also. Warum? Sie haben kein „Heimatgefühl", sie werden nach sehr unangenehmen Erlebnissen wie Eingefangenwerden und Transport einfach in den Käfig gesteckt und sind von ihren Erfahrungen so geschockt, daß sie gar nicht auf die Idee kommen, sich nun auch noch mit den Fremdlingen rund um sich herum anzulegen. Aber falls ihr euch zwei Vögel zulegen wollt, solltet ihr in aller Ruhe beobachten, ob sich da nicht schon zwei gefunden haben, dicht beieinander sitzen, vielleicht sogar miteinander schnäbeln. Ist das der Fall, kauft diese beiden! Ihr macht die Tierchen glücklich, wenn sie zusammenbleiben können. Und ihr werdet Vögel haben, die sich auch bei euch zu Hause sehr rasch einleben, eben weil sie sich schon „gefunden" haben.

Wollt ihr aber nur einen, dann reißt nicht so ein Pärchen auseinander, gönnt ihnen die Chance, daß sie vielleicht noch beide gemeinsam verkauft werden. Sucht euch einen von denen aus, die noch allein auf der Stange sitzen, die noch keinen Anschluß gefunden haben.

Man kann sich auch ein Pärchen kaufen, ohne gleich an Zucht zu denken. Es kommt sehr selten vor, daß ein Wellensittichpärchen an Nachwuchs denkt, solange ihm kein geeigneter Brutplatz zur Verfügung steht. Auch das ist eine ganz natürliche Reaktion, denn Vögel brüten in der Natur auch nur dann, wenn die Umstände dafür günstig sind. Und haben sie keine Bruthöhle, sind die „Umstände" eben nicht günstig. Allerdings spielt da noch etwas anderes mit. Ihr habt ja auch gelesen, daß die Sittiche sofort mit dem Brüten aufhören oder gar nicht erst damit anfangen, wenn nicht genügend Futter vorhanden ist.

Daran ist nun bei unseren zum Heimtier gewordenen Piepmätzen nicht zu denken, sie werden eher viel zu gut gefüttert, als daß es ihnen an nahrhaften Körnern fehlen würde. Aber es ist gegen die Natur, wenn der „Tisch" immer so reich gedeckt wird. Und so kann zu gutes Füttern durchaus dazu führen, daß

Beachtet beim Kauf eines Pärchens, ob sich zwei bereits gefunden haben

ein Wellensittichweibchen pausenlos Eier legt, bis zur Erschöpfung. Man muß ihr dann Körnerfutter entziehen, sie auf ganz knappe Rationen setzen, damit der Legetrieb sich beruhigt. Sie soll nicht hungern oder gar verhungern, kann Gemüse und Obst bekommen, aber eben nur wenig Körnerfutter. Hilft auch das nicht, sollte man sie an einen Züchter abgeben, damit sie ihrer Natur folgen kann.

Es kommt leider nicht selten vor, daß ein frei im Zimmer fliegender Wellensittich gegen eine Fensterscheibe fliegt. Wir meinen natürlich, daß der erschrockene Vogel unvorsichtig fliegt und fragen uns, ob er den nicht besser „aufpassen" kann. Ob er denn das Hindernis nicht sieht?

Ihr wißt, warum er so „kopflos" handelt: In der Natur gibt es keine Wände, Fenster oder andere feste Gegenstände, die seiner Flucht im Wege stehen. Er ist darauf programmiert, bei einem Schreck, dem ja immer eine Gefahr vorausgeht, einfach abzubrausen nach dem Motto: Bloß erst mal weg hier. Genauso handelt unser gezüchteter Sittich, nur sind seinem Fluchtweg hier harte Grenzen gesetzt. Läßt man seinen Sittich aus dem Käfig, ist immer ein gewisses Risiko dabei. Selbst wenn wir wissen und darauf achten, daß wir den Vogel nicht erschrecken, kann etwas anderes eine Schreckreaktion bei ihm auslösen.

Nun haben wir eine Menge darüber erfahren, wie sich angeborene Verhaltensweisen der „wilden" Artgenossen bei unseren gezüchteten Sittichen auswirken können, und ihr seid schon halbe Experten geworden.

Aber es gibt noch eine ganze Menge zu lernen, bevor ihr stolz von euch sagen könnt: Wir sind ganz tolle Wellensittich-Experten, und so leicht kann uns keiner etwas Neues über Sittiche erzählen!

Jetzt stelle ich euch wieder ein paar Fragen, die ihr ohne zu schummeln beantworten sollt. Schummeln wäre, wenn ihr schnell zurückblättert und nachlest, was ihr aus dem Kopf beantworten sollt.

Frage 2:

Zu welcher Jahreszeit brüten Wellensittiche in der Natur?
1. Nur im Frühjahr
2. Das ganze Jahr hindurch
3. Wenn günstige Futterverhältnisse vorliegen

Antwort: *Wellensittiche in der Natur brüten nur dann, wenn*

Frage 3:

Wer sorgt bei den Sittichen für die Wohnung?
1. Das Männchen
2. Das Weibchen
3. Beide zusammen

Antwort: *Bei den Sittichen sorgt das Weibchen für die Wohnung.*

Frage 4:

Was ist die Aufgabe des Männchens?
1. Er löst das Weibchen beim Brüten ab
2. Er versorgt das Weibchen mit Futter

Antwort: *Es ist Aufgabe des Männchens*

(Beantwortung der Fragen am Ende des Buches.)

das Weibchen beim Brüten

Na – habt ihr alle Antworten noch auswendig gewußt? Dann habt ihr aber sehr aufmerksam gelesen, mein Kompliment!

mit Futter zu versorgen

Der Käfig soll eine Wohnung sein

Sperrt man einen in der Natur aufgewachsenen Vogel in einen Käfig, wird ihm dieser zum Gefängnis. Er ist schließlich daran gewöhnt, ungehindert herumzufliegen und hat schrecklich Angst, weil er nun an allen Seiten gegen Gitter fliegt.

Gezüchtete Vögel kennen diese Art Freiheit nicht, ihr „Revier", ihre „Heimat" ist immer begrenzt gewesen. Vielleicht war es in ihrer Jugend eine Voliere, vielleicht sind sie aber auch in einem großen Käfig zur Welt gekommen und haben dort ihre ersten Ausflüge unternommen. Auf jeden Fall kennen sie nichts anderes, als daß irgendwo Gitter ihren Tatendrang bremsen. Für sie ist ein Käfig kein „Gefängnis", vorausgesetzt, man sucht einen aus, der dem Vogel ein Höchstmaß an naturgerechtem Verhalten möglich macht.

Klingt euch das zu hochgestochen? Dann lest es noch einmal, überlegt euch, was ich euch über Wellensittiche erzählt habe, und dann könnt ihr folgende Fragen beantworten:

Frage 5:

Wie muß ein Wellensittichbauer aussehen?
1. Klein und hoch mit wenig Bodenfläche?
2. Soll das Gitter längsgedrahtet sein?
3. Ist ein genügend hoher, dabei aber recht langer Käfig besser, und wenn ja, warum?
4. Ist es besser, wenn der Käfig quergedrahtet ist, und wenn ja, warum?

Antwort: *Der Käfig eines Wellensittichen muß genügend ho sein und ...*

Jetzt bin ich gespannt, ob ihr es richtig beantwortet habt! (Beantwortung der Frage am Ende des Buches.)

Wir haben doch gelernt, daß Wellensittiche zwar sehr gut fliegen können, aber an sich nicht besonders auf das Fliegen versessen sind, daß sie gern auf dem Boden herumlaufen (weil in der Natur dort ein Teil ihres Futters zu finden ist) und daß sie sehr gern klettern. Also muß ihr Käfig diesen „Wünschen" entsprechen, wenn sie sich darin wohl fühlen sollen. Er muß quergedrahtet sein, denn dann können sie schön am Gitter klettern

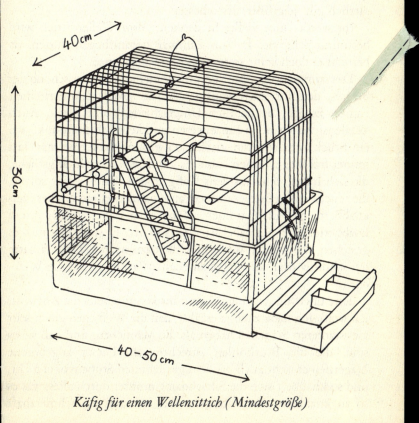

Käfig für einen Wellensittich (Mindestgröße)

– bei Gitterstäben in Längsrichtung ist das nicht möglich. Er soll recht lang sein, damit sie am Boden herumlaufen können. Er muß aber immerhin auch so hoch sein, daß er Stangen in zwei Etagen haben kann. Es muß Platz für eine kleine Leiter sein – zum Klettern natürlich. Die Mindestgröße des Bauers für einen einzelnen Sittich sollte 40 bis 50 Zentimeter Länge, 40 Zentimeter Breite und 30 Zentimeter Höhe betragen. Besser ist natürlich, wenn er wenigstens ein Stück länger ist, zum Beispiel 60 Zentimeter! Für ein Pärchen gelten natürlich andere Maße, das mindeste wären da 70×40×50 Zentimeter. Grundsätzlich gilt: je größer, desto besser!

Ihr werdet nun vielleicht denken: *Mein* Wellensittich wird bestimmt sehr viel frei im Zimmer herumfliegen dürfen, da braucht er doch keine so riesengroße Behausung!

Das stimmt sogar. Nur könnt ihr nicht vorher wissen, ob der Sittich, den ihr euch kauft, sich für soviel Zimmerfreiheit eignet. Es gibt da nämlich Unterschiede, große sogar. Auch Wellensittiche sind ja Einzelwesen und kein Fabrikprodukt, wo ein Stück dem anderen gleicht. Es gibt Sittiche, die man fast immer frei fliegen lassen kann. Es gibt aber auch sehr ängstliche, die sich nicht recht aus dem Käfig trauen. Und es gibt solche, die euch das ganze Zimmer auseinandernehmen, alles zerknabbern, ob nun Gardinen, Möbel oder Tapeten. Vor ihrem knabberwütigen Schnabel ist nichts sicher. Es sind, ich muß es gestehen, fast immer Weibchen, die dazu neigen. Und da hätte ich schon wieder eine Frage an euch: Warum gerade die Weibchen?

Eine überflüssige Frage? Denn ihr kennt bereits die Antwort, ich weiß. Ich habe euch ja erzählt, daß die Weibchen einen sehr viel stärkeren Schnabel haben als die Männchen, und daß sie es sind, die die Bruthöhlen zurechtnagen. Dieser angeborene Nagetrieb erlischt auch bei dem gezüchteten Stubenvogel nicht, und so knabbert sich die Sittichdame munter durch alles, was es so zu knabbern gibt. Übrigens – es ist auch ein schmerzhaft spürbarer Unterschied, ob man von einem Sittichweibchen oder von einem Sittichmännchen gekniffen wird!

Hat man ein Weibchen, kann also ihre ausgeprägte Knabberlust Freiflüge sehr einschränken oder sogar ganz unmöglich

Mitunter ist vor dem knabberlustigen Schnabel nichts mehr sicher

machen. Sitzt sie dann in einem zu kleinen Bauer, führt sie doch ein recht trauriges Dasein! Einen großen Käfig hingegen kann man so gut ausstatten, daß ein Sittich sich auch ohne Freifluggenehmigung oder mit seltenen Freiflügen wohl fühlt.

Auch Sittichmännchen können nicht immer problemlos frei herumfliegen, und darum ist es stets und auf alle Fälle besser, von Anfang an einen recht großen Käfig zu kaufen!

Sehr wesentlich ist auch der Standort des Vogelheims. Der Käfig muß an einem absolut zugfreien Platz stehen, nicht direkt neben der Heizung, etwa in drei Meter Abstand vom Fernsehapparat und nicht ständig in praller Sonne. Daß der Vogel keine Zugluft bekommen darf, ist klar. Er kann ihr im Käfig nicht ausweichen und erkältet sich. Auch allzuviel Sonne kann böse Folgen haben, denn wenn die Sonne im Sommer stundenlang auf den Käfig brennt, ist ihr der Vogel wieder hilflos ausgeliefert, weil er ja nicht ausweichen kann.

Eisernes Gesetz ist also: Mindestens die Hälfte des Käfigs muß stets Schatten haben. Nur wenn man im Zimmer ist und aufpassen kann, ob es dem Vogel zu heiß wird, darf der Käfig vorübergehend in der prallen Sonne stehen. Wird es einem Vogel in der Sonne ungemütlich, sitzt er mit offenem Schnäbelchen da und „hechelt" wie ein Hund.

Auch die Höhe, in der der Käfig steht, ist nicht unwichtig. Steht er zu niedrig, so daß man sogar von oben auf den Vogel blicken kann, wirkt das auf ängstliche Gemüter wie eine ständige Bedrohung. Am besten wird der Käfig in Augenhöhe der Menschen aufgestellt, das ist den Vögeln sympathisch.

Wenn man nun noch darauf achtet, daß der Käfig mit der Längsseite dicht an der Zimmerwand steht, hat man wirklich den idealen Platz gefunden. Warum nun das noch? Weil nicht jeder rund um den Käfig laufen kann, weil so wenigstens eine Käfigseite „ruhig" ist.

Größe und Platz sind geklärt. Beschäftigen wir uns nun mit der Inneneinrichtung.

Einige Stangen, die verschieden hoch angebracht sein sollen, eine Leiter zum Klettern und eine Schaukel sind die richtige Innenausstattung. Bei einem großen Käfig kann man auch einen verzweigten frischen Ast zum Turnen und Nagen anbringen, der erneuert wird, wenn die Rinde abgenagt ist. In kleineren Käfigen sollte man ein bis zwei Stangen ebenfalls immer aus frischen, verschieden starken Ästen anbringen, die natürlich oft erneuert werden müssen. Damit der Sittich die Krallen richtig abnutzt, werden zwei weitere Stangen mit Keramikröhrchen überzogen. An den rauhen Seiten schleifen sie sich die Krallen ganz natürlich ab. Viele zoologische Gärten benutzen in ihren Volieren diese von einem „Menschenarzt" erfundenen Röhrchen. Dem Arzt tat es leid, daß der Kanarienvogel seiner Frau von Zeit zu Zeit zum Krallenbeschneiden eingefangen werden mußte, was für den Vogel immer sehr aufregend ist. Er überlegte und probierte solange herum, bis er diese Röhrchen konstruiert hatte, die sich in der Praxis sehr gut bewähren. Es gab damals schon Röhrchen aus einer Art Schleifpapier, aber da scheuerten die Vögel sich immer die fleischigen Teile der Füßchen kaputt. Die Keramikröhrchen hingegen sind nur dort rauh, wo die Krallen hinfassen, der Fuß kommt nicht damit in Berührung.

In den Käfig gehören nun noch Futternäpfe und ein Trinkgefäß. Aber nicht unbedingt *in* den Käfig! Vor allem das Trinkgefäß sollte außen angebracht sein, damit das Wasser nicht dauernd vom Vogelkot beschmutzt wird. Auch der Futternapf kann außen angebracht werden, was immer die bessere Lösung ist.

Ein Badehaus kann man sich fast immer sparen. Es schadet zwar nichts, wenn ihr eins hinhängt, und vielleicht findet euer Sittich sogar Gefallen an einem Bad. Nimmt er aber niemals Notiz von der Badewanne, dann könnt ihr euch die Mühe sparen, sie ständig mit Wasser zu füllen.

Und das ist alles, was in oder an den Käfig gehört.

Kein Püppchen aus Plastik? Kein Spiegelchen? NEIN! Gerade der einzeln gehaltene Sittich sollte so etwas nicht bekommen. Sein vermeintliches „Spiel" mit dem Plastikpüppchen, sein Geschnäbel mit dem Spiegelbild ist nichts anderes als dauernde Partnersuche, und das arme Tier lebt in ständiger Erregung. Bei zwei Vögeln schaden diese „Spielsachen" nichts – ganz einfach, weil sie sich kaum darum kümmern, sie sind ja zu zweit und können miteinander schmusen. Und darum kann man sich die Kosten dafür ebensogut sparen!

Nun möchte ich euch noch erklären, warum ich geschrieben habe, der Käfig soll etwa drei Meter vom Fernsehgerät entfernt aufgestellt werden. Ihr werdet natürlich an „schädliche Strahlen" gedacht haben. Aber falsch gedacht! Es sind die ganz hohen Töne, die ständig von dem eingeschalteten Apparat ausgehen und die wir mit unseren stumpfen Menschenohren nicht hören können. Wohl aber der Vogel, und zwar um so stärker, jünger er ist. Wird nun in einer Familie sehr viel ferngesehen, läuft der Apparat stundenlang so vor sich hin, wird der Piepmatz auch ständig mit diesem entnervenden Ton „beschallt". Und das kann besonders bei jungen Vögeln zu so schweren Schäden führen, daß sie krank werden und eingehen.

Besonders schlecht ist übrigens ein Vogel dran – das gilt nicht nur für Sittiche! –, der in eine Familie mit starken Rauchern kommt. Steht sein Käfig dann in einem ewig verqualmten Raum, verkürzt das sein Leben glatt um ein paar Jahre.

Ungesund ist auch ein Dauerplatz in der Küche. Die feuchten Dämpfe, die sich beim Kochen ja doch nicht vermeiden lassen, sind ebenfalls nicht gut für einen Vogel.

So, nun haben wir aber, glaube ich, alles zusammengetragen, was gut oder schlecht ist bei der Beschaffung des Vogelheims und seiner Aufstellung. Sucht den besten Käfig aus, den ihr finden könnt! Denkt daran, er soll für den Vogel angenehm sein, nicht unbedingt „schön" für das menschliche Auge! Es werden nämlich viel zuviel Käfige mit Kinkerlitzchen, in den albernsten Formen angeboten. Da sieht man vor lauter Käfig oft den Vogel gar nicht richtig! Der Käfig soll so schlicht wie möglich sein, dann kann man den Insassen am besten beobachten. Er soll den höchsten Ansprüchen gerecht werden und das Wohlbefinden des Vogels garantieren. Und er soll praktisch sein, damit er gut zu säubern ist. Natürlich muß er in einem durchsichtigen Unterteil aus Plastik stehen, damit nicht Sand und Körner im Zimmer herumfliegen, wenn der Vogel auf dem Boden pickt und kratzt.

Freiflug – ja oder nein?

Ich hätte auch die Überschrift wählen können: Freiflug – aber richtig!

Daß man den Vogel nicht bedingungslos im Zimmer herumsausen lassen kann, wissen wir ja schon. Aber es ist natürlich eine gute Sache für ihn, wenn er sich auch mal außerhalb des Käfigs tummeln kann. Nur muß man dabei ebenfalls wieder mit Vorsicht und Überlegung vorgehen.

Ein ganz großer Fehler wird immer wieder gemacht: Da ist ein Wellensittich angeschafft worden und sitzt nun in einem neuen Käfig in einer neuen Umgebung. Seine Leute meinen es sehr gut mit ihm, aber das kann er ja nicht wissen. Er hat eine ganze Reihe höchst unerfreulicher Erlebnisse hinter sich: Erst wurde er aus seiner „Hecke", also seinem Geburtsort, von Eltern und Geschwistern weggeholt, dann transportiert und in der entnervenden Umgebung einer Tierhandlung in einen Käfig zu vielen anderen, ihm gänzlich fremden Artgenossen gesetzt. Kaum hat er sich von diesem Schock etwas erholt, finden sich vielleicht schon Interessenten für ihn. Daß das „gut" für ihn ist, weiß er natürlich auch nicht. Wieder wird er aus dem Kreis der wild herumflatternden Artgenossen herausgefangen, und in eine kleine Transportschachtel gesteckt. Und dann sitzt er also endlich an dem Ort, der für in eine lebenslange Heimat werden soll. Was er – natürlich – ebenfalls nicht erfassen kann.

Nun braucht er Zeit, um sich in Ruhe an die neue Umgebung gewöhnen zu können. Aus der Sicherheit seines Käfigs heraus müßte er sich alles ansehen und einprägen können, die Menschen kennenlernen, die bei ihm aus und ein gehen, sich an den Tagesrhythmus der Familie gewöhnen. Aber sein neuer Besitzer oder seine Besitzerin meinen es ganz besonders „gut" mit ihm, denken: Der arme Kerl soll sich gleich mal richtig ausfliegen können, und lassen ihn aus dem Käfig. Er saust natürlich los, landet irgendwo hoch oben auf einem Schrank oder auf der Gardinenstange. Da bleibt er – garantiert mit wild pochendem Herzen – sitzen.

Wie ihn nun zurück in den Käfig kriegen?

Da der neue Käfig für ihn selbstverständlich noch kein Zufluchtsort geworden sein kann, er sich vor allem recht weit von den Menschen absetzen möchte, die ihm nun schon einige Male etwas Unangenehmes angetan haben, bleibt er sitzen, wo er ist. Kein noch so zärtliches Rufen erweicht ihn – wie sollte es auch! Er kennt den Rufer ja gar nicht. Und selbst Futter wird den verstörten Vogel in diesem Zustand nicht locken.

Zurück in den Käfig soll er aber auf jeden Fall. Und dann geht also die Jagd auf ihn los. Hat man Glück, erwischt man ihn, bevor er sich beim wilden Herumfliegen den Kopf eingerannt oder vor Entsetzen einen Herzschlag bekommen hat. Der Flüchtling wird wieder in den Käfig gesteckt – und hat vermutlich die Nase gründlich voll von diesen schrecklichen Zweibeinern. Bis man nun das Zutrauen dieses Vogels errungen hat, können Monate vergehen.

Und alles nur, weil man es im Grunde gutgemeint hat und dem Kerlchen schnell etwas bieten wollte, was er aber als

Zuchtvogel nicht entbehrt: die sogenannte „Freiheit".

Nein, so soll man es nicht machen. Der richtige Weg sieht anders aus: Der Käfig ist an den günstigsten Platz gestellt worden, der Boden mit einer dicken Schicht Vogelsand bedeckt, Wasser- und Futternäpfchen vorher angebracht und gefüllt. Nun wird der kleine Kerl vorsichtig aus der Transportschachtel in den Käfig gesetzt, und dann verhält man sich ganz ruhig. Man darf leise zu ihm sprechen, aber nicht in laute Entzückensschreie ausbrechen, vor Wonne, daß der ersehnte Piepmatz endlich da ist, oder gar Freudentänze rund um den Käfig aufführen. Nichts davon, gar nichts! Man kann sich auch still freuen, und Hauptperson ist der Vogel. Wir müssen uns so verhalten, daß er recht bald wenigstens etwas Zutrauen zur neuen Umgebung faßt.

Nun gibt es ganz unterschiedliche Temperamente unter den Vögeln. Hat man Glück, erwischt man einen Dreisten mit einer dicken Pelle. All die aufregenden Erlebnisse haben ihn kaltgelassen, er findet sich im Handumdrehen in jeder neuen Lebenslage zurecht und ist frisch und munter. Vom ersten Augenblick an ist er vergnügt und zutraulich und weiß ganz schnell, wann es etwas Gutes für ihn gibt. Er fürchtet sich überhaupt nicht, wenn man ihm einen Leckerbissen mit den Fingern reicht und kommt sehr bald zutraulich auf die in den Käfig gesteckte Hand gehüpft.

So etwas ist ein Idealfall, der durchaus vorkommen kann, mit dem man aber nicht rechnen darf.

Andere Vögel wiederum brauchen Wochen und Monate, bis sie ihre Scheu ablegen und auf Annäherungsversuche eingehen. Gerade Vögel – ganz egal welcher Art – sind Neuem gegenüber entsetzlich mißtrauisch und können sehr, sehr lange dieses Mißtrauen nicht überwinden. Das ist ja eigentlich auch verständlich. Wenn man so klein und wehrlos ist, so viele Feinde hat, die einem alle nach dem Leben trachten, muß man allen Fremden gegenüber sehr mißtrauisch sein. Scheu und Argwohn über einen längeren Zeitraum hinweg sind darum das natürliche Verhalten. Die sofortige Zutraulichkeit hingegen ist eine Ausnahme.

Um den Scheuen die Angst zu nehmen, geht man so vor: Alle Hantierungen am Käfig werden mit größter Ruhe und langsamen Bewegungen ausgeführt. Dabei unterhält man sich immer halblaut mit dem Vogel. Sowie man fertig ist, tritt man vom Käfig zurück und spricht aus einiger Entfernung weiter mit ihm. Flattert er nicht mehr ängstlich herum, sondern bleibt auf der Stange sitzen und guckt einem zu, versucht man, ihm ganz vorsichtig zwischen zwei Fingern einen Leckerbissen durch die Stäbe zu reichen. Immer dabei mit ihm reden! Das muß so lange gemacht werden, bis er die Scheu verloren hat. Eines Tages wird er nach dem Leckerbissen schnappen. Dann versucht man es immer häufiger, bis es ihm ganz selbstverständlich geworden ist, und er schon von allein angehüpft kommt, um seine Körnchen zu holen. Dann kann man wieder einen Schritt weitermachen. Man öffnet ganz vorsichtig das Türchen, aber nur einen Spalt, und reicht ihm die Körner. Schließlich kann man versuchen, ihm die Körner auf der flachen Hand zu geben. Hüpft er auf die Hand, muß man ganz stillhalten und darf sie nicht eher zurückziehen, bis er von allein heruntergehüpft ist. Nun hat man meist gewonnenes Spiel. Nachdem man sich vergewissert hat, daß Fenster und Türen geschlossen sind, die Gardinen zugezogen, reicht man ihm wieder Körner auf der Handfläche, läßt aber nun das Türchen dabei ganz offen und stellt dem Vogel frei, vielleicht auf den Arm zu klettern. Bitte nicht laut werden, nicht jubeln! Der Bursche soll ja keinen Schreck bekommen. Wahrscheinlich startet er dann zu seinem ersten Ausflug. Man läßt ihn ruhig herumfliegen, legt nach einiger Zeit wieder ein paar Körnchen auf die Hand und lockt ihn mit seinem Namen, mit dem man ihn ja nun schon jeden Tag angeredet hat. Kommt er, setzt man ihn ruhig in den Käfig zurück. Es ist gelungen!

Damit er sich von dem Futter auch wirklich angelockt fühlt, macht man den ersten Versuch am besten, wenn er hungrig ist. Da er sein Futter ja bisher nur im Käfig bekommen hat, wird er gern dorthin zurückkehren, wenn der Hunger zu groß wird.

Das muß man sich überhaupt merken: niemals Futter außerhalb des Käfigs geben, dann gehen die Kleinen nämlich sehr gern zurück, sowie sie Hunger haben.

Und noch eine Grundregel: den Vogel niemals aus dem Käfig lassen, wenn gegessen wird. Ich weiß, viele finden es sehr drollig, wenn der Piepmatz auf dem Tisch herumläuft und sogar von den Speisen „nascht". Ich finde das gar nicht komisch, sondern eher unappetitlich. Außerdem bedeutet es auch noch eine gesundheitliche Gefahr für den Vogel. Er nascht Süßes und Gesalzenes, und beides ist nicht gut für ihn.

Während der Vogel „Ausgang" im Zimmer hat, muß man sehr aufpassen. Ihr wißt ja, daß Wellensittiche gern auf dem Boden herumspazieren. Dabei ist leider schon so mancher totgetreten oder von einer plötzlich geöffneten Tür zerquetscht worden.

Ihr seht, so ganz ohne Probleme ist es nicht, seinem Putzi das Vergnügen eines Zimmerflugs zu gewähren! Und niemals soll man einen Vogel frei im Zimmer allein lassen, dann gibt es allzu leicht ein Unglück.

Sollte euer Zimmer groß genug sein, könnt ihr etwas ganz Tolles für euren Freund basteln: ein Klettergerüst aus verschieden starken frischen Ästen. Ihr könnt auch einen dickeren, schön verzweigten Ast nehmen, den ihr in einen großen Blumentopf steckt. Hat er diese Neuigkeit erst einmal akzeptiert, wird euer Sittich mit Wonne daran herumklettern, die Rinden abnagen und sich äußerst wohl fühlen. Man kann alle Laub- und Nadelbaumäste dazu nehmen, außer Eibengewächsen, die sehr giftig sind. Am besten geeignet sind Weidenäste. Es kann eine ganze Weile dauern, bis der Vogel sich mit diesem „Freizeit-Angebot" befreundet, ihr wißt ja, daß Vögel allem Neuen gegenüber sehr, sehr mißtrauisch sind. Verliert dann nur nicht die Geduld und denkt: Das wird ja nie was! Es wird was, auch wenn es viel Zeit braucht, und dann ist es für den Vogel ein ganz moderner „Trimm-dich-Platz". Außerdem wird er sich am liebsten dort aufhalten, was ja auch seine Vorteile hat.

Sollte der Käfig in einem Zimmer stehen, dessen Fenster keine Gardinen oder Jalousien hat, ist jeder Freiflug mit Lebensgefahr für das Tierchen verbunden. Es erkennt das Glas nicht als Hindernis, denn in der Natur kommt ja kein durchsichtiges Hindernis vor. Der Vogel fliegt mit voller Wucht dagegen –

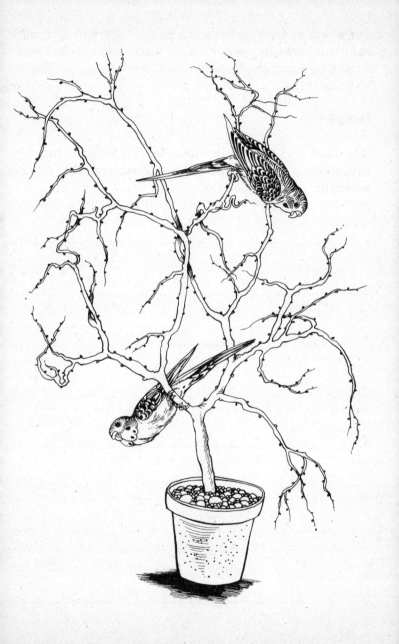

und so ein zartes Vogelköpfchen ist schnell kaputt. Ihr müßt euch also entweder etwas einfallen lassen, wie ihr das Fenster verhängt, solange der Vogel draußen ist – oder ein Freiflug ist nicht möglich.

Frage 6:

Was muß alles beachtet werden, um den Vogel richtig einzugewöhnen und auf den ersten Zimmerausflug vorzubereiten?

1. ....

....

2. ....

....

3. ....

....

4. ....

....

5. ....

....

6. ....

....

(Beantwortung der Frage am Ende des Buches.)

Es gibt leider noch mehr Gefahren für den frei herumfliegenden Vogel, aber die lassen sich beseitigen. Zum Beispiel Zimmerpflanzen, die für einen Vogel giftig sind. Viele Sittiche knabbern aber gern an Pflanzen, vor allem, wenn sie sonst zuwenig Grünfutter bekommen. Weitere Gefahren sind gefüllte Gießkannen, aus denen der Vogel trinken will und kopfüber hineinpurzelt, ohne Hilfe nicht wieder herauskommt und jämmerlich ertrinken muß, oder brennende Kerzen, in die er hineinfliegt.

Ihr seht, ein gewisses Risiko ist immer damit verbunden, wenn man seinem Freund mehr Bewegungsfreiheit gönnen möchte.

Aber die Gefahren kennen, heißt ja gleichzeitig, daß man sie beseitigen kann oder daß man eben auf den Vogel aufpaßt. Darum auch mein Rat: Laßt ihn niemals frei herumfliegen, wenn ihr nicht im Zimmer seid.

Wie wird mein Sittich zahm?

Immer wieder bekomme ich Briefe, in denen mir geklagt wird, daß der Wellensittich doch nun schon zwei Wochen (oder drei oder vier) im Hause sei, aber immer noch gräßlich scheu wäre, daß er sich nicht in die Hand nehmen ließe, und sprechen täte er auch nicht.

Geduld ist zwar nicht jedermanns Sache, aber im Umgang mit Tieren ist Geduld die allererste Voraussetzung. Wenn man sich da ungeduldig verhält, soll man lieber auf jede Tierhaltung verzichten!

Ich habe ja schon gesagt, daß auch Vögel – in unserem Fall Wellensittiche – keine über einen Leisten geschlagene Fabrikware sind, daß jeder Vogel eine kleine Persönlichkeit ist mit einem eigenen Charakter, daß es zutrauliche, freche und schüchterne gibt. Aber auch, daß Vögel „von Haus aus" ganz besonders mißtrauisch gegenüber allem Fremdem sind und daß sie, je nach Veranlagung, mehr oder weniger lange Zeit zum Eingewöhnen brauchen. Ein paar Wochen sind gar nichts in diesem Fall. Es kann Monate dauern, bis ein Vogel zutraulich wird. Je hastiger man bei den Versuchen vorgeht, ihn „zahm" zu machen, um so weniger wird es glücken. Und eins muß ich euch sagen: Es kann durchaus passieren, daß so ein kleiner Kerl niemals handzahm wird. Das ist natürlich sehr schade, aber nicht zu ändern – mit Gewalt schon gar nicht. Man muß sich dann entweder damit abfinden oder diesen Vogel wieder verkaufen und sich einen anderen zulegen.

Geradezu idiotisch ist es, einen Vogel durch gewaltsames In-die-Hand-Nehmen zum Zahmwerden zwingen zu wollen. Gefahr kommt in der Natur für einen Vogel meist „von oben"; sowie ihn jemand packt, geht es ihm ans Leben. Darum die große Angst aller Vögel vor dem Eingefangenwerden. Sie können ja nicht wissen, daß der Mensch sie nur transportieren will und meinen, es ginge um ihr Leben. Wenn er nun immer wieder gepackt und in der Hand festgehalten wird, steht er jedesmal Todesängste aus – und davon soll er „zahm" werden?

So geht es also nicht. Man wird nur dann sein Zutrauen gewinnen, wenn man ihm zeigt, daß er nichts zu befürchten hat. Also ruhig mit ihm umgehen, viel mit ihm reden, versuchen, ihm Körnchen mit den Fingern zu reichen. So kommt man zum Ziel!

Ich las einmal im „Hamburger Abendblatt" die bittere Klage eines kleinen Mädchens, dessen Bruder sie immer damit ärgern wollte, daß er in ihr Zimmer gestürmt kam und mit lautem Geschrei den Wellensittich im Käfig erschreckte. Das war natürlich ausgesprochen gemein, denn der Bursche hat den Vogel regelrecht gequält und das nur, um seiner Schwester eins auszuwischen! Nehmen wir an, er war sich dieser Tierquälerei nicht bewußt. Aber hoffentlich hat seine Schwester ihm dann die empörten Zuschriften gezeigt, die von anderen Kindern kamen und die sich alle darin einig waren: So etwas ist gemein!

Kleinere Geschwister können einen Vogel aber auch ohne böse Absichten erschrecken und scheu machen, sie kreischen, toben herum und begreifen noch nicht so recht, daß man das in der Nähe eines Vogels nicht tun darf. Fangt dann nicht auch an zu schreien – davon wird nichts besser! Versucht, den Kleinen in Ruhe beizubringen, daß der Piepmatz sich doch wohl fühlen soll und durch ihr Geschrei geängstigt wird. Sperrt die Kleinen aber nicht ganz aus, das führt nur dazu, daß sie in einem unbewachten Augenblick erst recht zu dem Vogel laufen. Holt sie lieber in euer Zimmer und zeigt ihnen, wie nett so ein Tierchen ist und was es alles macht in seinem Käfig.

Schwierig, meint ihr? Manchmal sicher! Aber es werden ja nicht alle so boshafte Buben sein wie der vorhin erwähnte. Und wenn sich Geschwister schon „bekriegen" müssen, so etwas kommt ja vor, dann darf es auf keinen Fall auf Kosten des Tierchens gehen.

Je mehr man sich also mit dem Vogel beschäftigt, sich in der Nähe seines Käfigs aufhält und mit ihm spricht, um so schneller wird er sich an euch gewöhnen. Wer ihm nur mal schnell die Näpfchen füllt und flüchtig sagt: Tag, Bubi!, und dann wieder entschwindet, muß sich nicht beklagen, daß sein Sittich nicht zahm wird.

Einen Namen soll der Kleine sofort von euch bekommen. Und mit dem redet man ihn an, sowie man in die Nähe des Käfigs kommt. Natürlich auch, wenn man ihm Futter bringt oder einen Leckerbissen reicht. Für das Tierchen müssen die Laute des Namens immer mit angenehmen Erlebnissen verbunden sein, dann reagiert er auch bald darauf. Aber sagt immer nur *einen* Namen, zu viele Laute durcheinander verwirren den Vogel nur. Er „weiß" ja nicht, daß ihr ihm einen Namen

Nennt euren Piepmatz immer beim selben Namen, sonst wird er ganz verwirrt

gegeben habt und damit anredet, er hört nur immer die gleichen Laute von euch und verknüpft damit allmählich ein Erlebnis. Sagt ihr aber mal „Bubi", dann wieder „Putzi" (oder was auch immer), erfaßt er das nicht richtig, und er reagiert nicht darauf.

Seinen Namen „begriffen" hat er, wenn er auf euren Ruf angehüpft kommt, ohne daß ihr ihm zu gleicher Zeit einen Happen reicht. Das müßt ihr dann natürlich nachholen, damit er nicht enttäuscht ist. Aber er weiß nun, daß er mit diesen Lauten gerufen wird, und das ist ein großer Schritt zur Zahmheit.

Nun seid ihr schon wieder ungeduldig und wollt wissen, wie ihr eurem Sittich das Sprechen beibringen könnt. Das geht nicht auf die Schnelle, und manchmal geht es gar nicht. Beschäftigen wir uns also mit der großen Frage:

Wie lernt mein Sittich sprechen?

Will man sich ein Pärchen zulegen, darf man nicht damit rechnen, daß die Tierchen das Nachahmen menschlicher Laute lernen. Warum sollten sie auch? Sie können miteinander in ihrer Sittichsprache schwatzen und sind nicht darauf angewiesen, sich besonders eingehend mit einem Menschen zu befassen.

Wer darum unbedingt einen „sprechenden" Sittich haben will, muß einen einzelnen halten. Im allgemeinen lernen Männchen schneller und mehr sprechen als Weibchen: Sie haben von Natur aus mehr Laute zur Verfügung, sie müssen ihren Weibchen viel vorschwatzen und sind deshalb meist eher geneigt, Worte oder andere Laute nachzuahmen. Aber es gibt auch sehr gut und viel sprechende Weibchen.

Also soll man sich vorsichtshalber lieber ein Männchen zulegen? Ja – aber das hat seine Schwierigkeiten! Soll ein Sittich allein bleiben und sich möglichst schnell an Menschen gewöhnen, muß er möglichst jung sein, das heißt nicht älter als etwa zehn Wochen. Zu diesem Zeitpunkt lassen sich die Geschlechter aber nur sehr schwer unterscheiden. Die Gefiederfarben sind bei Männchen und Weibchen völlig gleich, nur an der Farbe der sogenannten „Wachshaut" um den Schnabel herum kann man erkennen, ob Männchen oder Weibchen: Diese Wachshaut ist beim Männchen hellblau, beim Weibchen braun. Doch nun kommt das große „Aber": Bei den jungen Vögeln ist das nicht richtig erkennbar, nur sehr gute Fachleute können einen Unterschied merken. Die Wachshaut ist beim noch nicht „erwachsenen" Männchen eher leicht rosa gefärbt, beim jungen Weibchen zeigt sie dagegen eher einen bläulichen Schimmer – also ein schöner Kuddelmuddel! Erst nach einigen Monaten färbt die Wachshaut sich dann so um, „wie es sich gehört". Doch ein Sittich, der schon einige Monate alt und damit ausgewachsen ist, ist dann eben auch schon eine „fertige Persönlichkeit" und schließt sich meist nicht mehr so bereitwillig an Menschen an wie der ganz junge.

Wir wollen aber nun einmal annehmen, daß es mit dem jungen Männchen, dem „Sittichbuben", geklappt hat. Der Kleine sitzt vermutlich recht unglücklich und verstört in seiner neuen Behausung: Was hat er alles über sich ergehen lassen müssen, seit er aus seinem Geburtsort weggekommen ist! Aber er ist auch in seiner Vereinsamung sehr geneigt, sich die Annäherung des Menschen gefallen zu lassen. Setzt euch also sooft wie möglich neben seinen Käfig und plaudert mit ihm! Aber erschreckt ihn nicht! Dazu gehört komischerweise auch, daß ihr nicht in sehr ungewohnter Kleidung plötzlich an den Käfig tretet. Etwa wenn ihr aus der Schule kommt und mit Anorak an, Kapuze auf, Schultasche in der Hand als erstes zum Putzi stürmt, um zu sehen, wie es ihm geht. Er kann wegen eurer „Verkleidung" einen Mordsschreck bekommen! Auch Freunde solltet ihr in dieser Zeit der Eingewöhnung nicht mit ins

Zimmer nehmen, der Vogel hat genug damit zu tun, euch kennenzulernen. Wißt ihr, das sind so die Feinheiten im Umgang mit Vögeln, die den Tieren das Eingewöhnen ungeheuer erleichtern, die an sich nicht viel Mühe kosten – nur wissen muß man so was.

Bevor wir nun mit dem eigentlichen Sprechunterricht beginnen, muß ich eurer vielleicht hochgespannten Erwartung erst noch einen gehörigen Dämpfer aufsetzen. Durchaus nicht jeder Wellensittich, ob Weibchen oder Männchen, ist geneigt, menschliche Laute nachzuahmen, also „sprechen" zu lernen. Manche begnügen sich damit, irgendwelche anderen Laute zu kopieren, sie ahmen Vogelstimmen nach, bellen wie Hunde, klingeln wie Telefon- und Türglocken. Nur Worte ahmen sie nicht nach. Andere wieder bleiben stur bei ihrer angeborenen Sittichsprache und sind nie auch nur zu der kleinsten artfremden Äußerung zu bringen. Tja, und es gibt kein Mittel, einem Sittich das Sprechen beizubringen, wenn er keine Lust dazu hat. Mit Gewalt ist schon gar nichts zu machen, „Sprechperlen" und ähnliche Angebote sind völlig wirkungslos, und das manchmal tatsächlich noch empfohlene Lösen des Zungenbandes ist eine ganz und gar nutzlose und üble Tierquälerei.

Muß es also unbedingt ein „sprechender" Sittich sein, bleibt nichts anderes übrig, als den Unlustigen wieder abzugeben und es mit einem Neuen zu versuchen. Aber überlegt euch das gut. Ein Tier ist schließlich keine Ware, die man nach Lust und Laune kauft und wieder verkauft.

Nun aber zum „Unterricht".

Ihr habt dem Sittich selbstverständlich gleich einen Namen gegeben. Daß ihr den stets nennen sollt, wenn ihr zu dem Vogel geht, habe ich schon gesagt. Ist er zutraulich geworden, fangt ihr mit den Lektionen an. Ihr setzt euch, wenn es dämmerig wird, dicht neben den Käfig und sagt mit halblauter Stimme immer wieder seinen Namen und höchstens noch ein weiteres Wort dazu, also „Komm, Putzi!" oder so etwas. Gebt ihm immer mal ein paar Körnchen. Das betreibt ihr höchstens zehn Minuten. Dämmerig soll es sein, weil die Tierchen dann nicht mehr so abgelenkt werden. Der Unterricht darf nicht länger als höchstens zehn Minuten dauern, weil man die Aufmerksamkeit des Tierchens nicht länger auf sich lenken kann.

Nun kann allerlei passieren.

Wieder gibt es einen Idealfall, nämlich, daß ein äußerst begabter Vogel schon nach wenigen Tagen seinen Namen nachplappert.

Es ist ebenso möglich, daß er zwar immer interessiert zuzuhören scheint, aber ansonsten schweigt. Und euch plötzlich mit ganz anderen Worten überrascht, als ihr ihm beibringen wolltet, mit Worten, die er im wahrsten Sinne des Wortes aufgeschnappt hat!

Die dritte Möglichkeit habe ich schon beschrieben: daß er nicht daran denkt, je ein Wort zu sprechen.

Aber ihr dürft mal wieder nicht die Geduld verlieren. Es kann buchstäblich Monate dauern, bis ein Wellensittich plötzlich anfängt zu plappern.

Übrigens kann die moderne Technik beim Sprechunterricht helfen. Wenn ihr einen Kassettenrecorder habt mit Mikrofon, könnt ihr zehn Minuten lang aufsprechen, was er lernen soll, und das neben ihm ablaufen lassen. Ich halte aber den persönlichen Kontakt zu ihm während des Unterrichts für wirkungsvoller.

Nun lernt ein Sittich ja nicht nur, die Sprache nachzuahmen. Es gibt welche, die sich auf allerlei Laute spezialisieren, und das kann dann zum Teil sehr komisch, zum Teil direkt lästig werden.

Dazu will ich euch ein paar ebenso lustige wie wahre Geschichten erzählen: Bei Bekannten quietschte eine Türangel. Bevor der Hausherr dazu kam, das Gequietsche abzustellen, hatte der Wellensittich das scheußliche Geräusch aufgeschnappt. Als nach der „Ölung" die Türangel nicht mehr quietschte, besorgte das der Putzi: Sowie die Tür geöffnet wurde, gab er mit Hingabe das verflixte Gequietsche von sich. Erst lachten seine Besitzer darüber, dann packte sie langsam die Verzweiflung, und sie fragten mich um Rat. Ich schlug vor, ein dunkles Tuch bereitzulegen und das sofort mit einem energischen „Pfui" über den Käfig zu decken, wenn Putzi das Türöffnen mit Quietschen begleitete. Es dauerte zwar einige Zeit, aber dann hatte der Vogel begriffen, daß er jedesmal ins Dunkle versank, wenn er quietschte: Erst mußte man noch mit einem strafenden „Pfui" nach dem Tuch greifen ohne ihn zu „verdunkeln", damit er schwieg. Aber dann vergaß er es allmählich und ließ es sein.

Er war überhaupt ein Geräusch-Spezialist. Auch den Staubsauger machte er ziemlich nervtötend nach, und zwar schon, wenn die Hausfrau mit ihm erschien. Aber das ertrug sie dann, denn ob zu dem „echten" Staubsaugerkrach nun auch noch Putzis Begleitmusik kam, war ziemlich egal.

Ein anderer Sittich konnte täuschend sowohl Wohnungstür- als auch Telefonklingel nachmachen. Immer wieder fiel die Familie auf ihn herein, lief zur Tür oder zum Telefon und ärgerte sich allmählich über die vergebliche Lauferei. Der Sittich konnte aber auch sehr gut sprechen, und das führte zu folgender „Regelung": Jedesmal, wenn einer umsonst gerannt war, hieß es vorwurfsvoll: „Maxi, laß das doch!" Und eines Tages, als man noch zögerte, zur Haustür zu gehen, weil man nicht wußte, hatte es wirklich geklingelt oder war es der Sittich, ertönte aus dem Käfig deutlich: „Maxi, laß das doch!" Damit war das Problem der unnötigen Rennerei gelöst. Wenn es jetzt klingelte, ob Tür oder Telefon, wartete man kurz ab, und erklang dann aus dem Käfig „Maxi, laß das doch!", wußte man, der Gute hatte mal wieder sein Spielchen getrieben.

Verblüffend ist, daß „sprechende" Vögel das Aufgeschnappte genau im richtigen Augenblick von sich geben. Es wirkt oft so komisch, daß die gefiederten Komiker Lachstürme auslösen können.

Ich muß also zugeben, daß man an einem flott sprechenden Wellensittich viel Spaß haben kann, sehr viel sogar. Aber es muß erstens eben ein Vogel sein, der sich bei der Einzelhaltung wohl fühlt. Und außerdem muß man genügend Zeit haben, sich mit ihm zu beschäftigen.

Und nun kaufen wir ihn!

Das darf vor allem nicht auf die Schnelle geschehen! Ich kann vollkommen verstehen, daß man, wenn einmal feststeht, ein Wellensittich wird gekauft, es nun schrecklich eilig hat. Aber gerade beim Tierkauf muß man seine Ungeduld doch ein bißchen zügeln und im beiderseitigen Interesse prüfen und abwägen. Wir möchten ja schließlich viele Jahre Freude an einem Tierkameraden haben, und er soll sich auch bei uns glücklich fühlen. Gewiß gibt es auch dabei Liebe auf den ersten Blick und man sagt begeistert: den oder keinen! Und tut tatsächlich einen Glücksgriff. Besser ist es jedoch, man rechnet damit, daß es nicht so auf Anhieb klappt.

Hier nun ein paar Grundregeln: Lauft nicht in irgendeine Tierhandlung, in der ein paar Wellensittiche im Käfig sitzen. Guckt euch das Geschäft in aller Ruhe an, ob es sauber und ordentlich aussieht, was für einen Eindruck die Tiere machen, die dort zum Verkauf stehen.

Nehmt einen Erwachsenen mit. Leider behandeln viele Geschäftsleute ihre Kinder-Kundschaft unaufmerksam und geben sich wenig Mühe mit Kindern. Ich kann das zwar nicht verstehen, denn ich meine, ein Kind muß als Kunde ebenso beachtet und gut bedient werden wie wir Erwachsenen. Im Gegenteil, man müßte sich mit ihm besondere Mühe geben. Aber daß die Wirklichkeit meist anders aussieht, werdet ihr mir wohl jetzt kopfnickend bestätigen. Nehmt also jemand „Großen" mit, damit ihr aufmerksam bedient werdet.

Wenn ihr dann euren Wunsch nach einem jungen Sittich angebracht habt, setzt gleich hinzu: „Ich möchte mir die Vögel aber bitte erst in aller Ruhe ansehen und sie ein wenig beobachten. Ich melde mich dann bei Ihnen!"

Will der Verkäufer oder die Verkäuferin dann trotzdem seine „Ware" anpreisen, zeigt auf die Vögel und redet auf euch ein, soll eure erwachsene Begleitung höflich aber bestimmt darum bitten, daß der Verkäufer sich zurückzieht und wartet, bis man mit seiner Beobachtung fertig ist. Diese ungestörte Beobachtung der Vögel ist außerordentlich wichtig, nur dann kann man nämlich erkennen, wie sich die einzelnen Tiere verhalten, kann den Lebhaften vom Tranigen unterscheiden, ja, vielleicht sogar sehen: Der da ist nicht richtig gesund!

Woran man das erkennt? Sitzt ein Vogel teilnahmslos mit gesträubten Federn inmitten einer sonst munteren Schar, hat er vielleicht sogar verklebte Federn am Po, ist die Wahrscheinlichkeit groß, daß er krank ist. Dann solltet ihr mit einem höflichen „Danke schön, mir gefällt leider keiner", schnellstens diesen Laden verlassen: Wo ein Vogel in einem Massenkäfig einen kranken Eindruck macht, ist die Gefahr, daß er die anderen noch munteren Käfiggenossen ansteckt, allzu groß.

Sind alle Vögel munter – es kann selbstverständlich auch einer mal ruhig auf der Stange sitzen, ohne gleich krank zu sein! –, stellt man ganz ruhig seine Beobachtungen an. Da ist einer besonders hübsch in der Farbe, der würde einem schon gefallen. Aber er sitzt ganz eng neben einem anderen und schnäbelt liebevoll mit ihm. Dann denkt daran, was ich schon geschrieben habe: Wollt ihr nur *einen* Sittich kaufen, dann reißt dieses Pärchen möglichst nicht auseinander, der Kleine würde sehr trauern und sich schwer eingewöhnen. Guckt weiter zu, und sicher fällt euch dann einer auf, der munter herumturnt und ganz den Eindruck macht, als ob er ziemlich frech wäre. Geht nun langsam und bedächtig näher an den Käfig heran und sprecht ein bißchen zu den Vögeln, reagiert einer darauf ohne Furcht, wäre er durchaus der richtige Kandidat! Denkt aber daran, daß diese Vögel finstere Erlebnisse hinter sich haben, vielleicht flattern sie alle ängstlich kreischend herum, sowie ihr zu nahe an den Käfig kommt. Dann tretet gleich wieder zurück, es hat keinen Sinn, die Tiere aufzuregen.

Habt ihr nun eure Wahl getroffen – es kann ja auch sein, euch gefallen zwei oder drei –, dann ruft den Verkäufer und fragt, wie alt der Sittich eurer Wahl ist. Ihr könnt zwar nicht sein Alter genau erkennen, aber seht doch, ob es ein junger Vogel ist: Ein junger Sittich hat besonders große, dunkle Augen, der helle Ring um die Iris fehlt noch. Der Vogel muß nun zur eingehenden Kontrolle leider aus dem Käfig herausgenommen werden, was nicht ohne Aufregung für ihn und alle anderen geht. Nun wird er ganz genau betrachtet, diese Belastung für den Vogel läßt sich leider nicht vermeiden.

Beachtet folgende Punkte:

1. Das Gefieder muß glatt und glänzend sein.

2. Der Po muß ganz sauber sein, auf keinen Fall dürfen dort schmutzige, verklebte Federn zu sehen sein: Das ist ein Zeichen für Verdauungsstörungen!

3. Der Vogel muß so in die Hand genommen werden, daß man gegen seine Bauchfedern pusten und so seinen Ernährungs- und Gesundheitszustand prüfen kann. Die Brust soll gut fleischig sein, das Brustbein soll nicht spitz heraustreten. Das Fleisch soll rosig durch die Haut schimmern, ist es stark rötlich, der Leib merkwürdig dick – dann ist der Vogel nicht in Ordnung.

4. Die Füßchen und Beinchen müssen glatt sein, ohne Borken, die auf Kalkbeinmilben deuten.

5. Jeder Sittich muß einen Fußring tragen, das ist Vorschrift. Anhand der registrierten Nummer kann der Züchter des Vogels festgestellt werden. Das ist für den – sehr seltenen – Fall einer Erkrankung an der sogenannten „Papageienkrankheit" nötig. (Über diese Krankheit reden wir noch!)

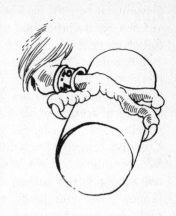

Der Fußring ist Vorschrift

Das wären die wichtigsten Punkte. Ist der Verkäufer über eure genauen Prüfungswünsche ungehalten, sagt vielleicht, man verkaufe nur gesunde Vögel und damit basta – dann verlaßt den Laden. Es gibt schließlich noch andere Tierhandlungen! Niemand soll euch daran hindern, euch selbst vom guten Zustand des Vogels zu überzeugen, den ihr kaufen wollt. In wirklich gutgeführten Tierhandlungen gibt man bei jungen Sittichen sogar eine Geschlechtsgarantie und tauscht den Vogel um, falls man sich doch einmal geirrt haben sollte. Das ist immerhin ein wichtiger Punkt, wenn man auf jeden Fall ein Männchen haben möchte (wegen der besseren „Sprechanlage").

Am besten erkundigt ihr euch gleich, ob diese Garantie gegeben wird. Wenn dies der Fall ist, dann seid ihr schon in einem guten Geschäft. Dazu gehören nämlich genügend Kenntnisse, und die hat nicht jeder, der mit Tieren handelt. Leider!

Seufzt ihr wieder mal, weil euch das zu kompliziert erscheint? Ihr wollt doch einen Supervogel erwerben, zumindest, was seine

Gesundheit betrifft. Na also, dann müßt ihr euch entsprechend auf den Kauf vorbereiten und nicht einfach nach irgendeinem Sittich greifen!

Ein anderer Weg, zu einem Sittich zu kommen, ist der Kauf direkt von einem Züchter. Das hat folgenden Vorteil: Man erfährt das genaue Alter des Vogels. Erfahrene Züchter erkennen auch recht früh, welcher Sittich sich charakterlich als „Einzelvogel" eignen würde. Sie geben sogenannte „Nestjunge" ab. Das sind Jungvögel von frühestens sechs, meist acht bis zehn Wochen, die schon ein Weilchen aus dem Nest sind, und sich selbständig Futter suchen. Das Aufziehen von echten „Nestjungen", also von Jungvögeln unter vier Wochen, die noch nicht aus dem Nest sind, ist mühsam, zeitraubend und kann von Unerfahrenen nicht immer mit Erfolg betrieben werden. Zwar gewöhnt sich solch ein Vogel natürlich ganz besonders eng an den Menschen, der ihn anstelle seiner natürlichen Eltern aufzieht und er akzeptiert den Menschen praktisch als Eltern. Aber so ein Tierchen muß alle zwei Stunden mit einem angewärmten Spezialbrei gefüttert werden – wer kann das schon durchführen! Ich finde auch, daß das nur in wirklichen Notfällen versucht werden sollte, also wenn die Vogeleltern durch einen unglücklichen Zufall umgekommen sind. Aber nicht, weil man mit aller Gewalt einen besonders zahmen Vogel heranziehen will! Ein guter Züchter wird sich auf einen solchen Handel gar nicht einlassen. Hoffentlich seid ihr meiner Meinung und habt als erstes immer das Wohl eures zukünftigen Freundes im Auge.

Klingt das etwa nach erhobenem Zeigefinger? Keineswegs. Ich würde es ebenso in einem Buch für Erwachsene schreiben. Mir geht es schließlich doch nur darum, daß ein recht erfreuliches Zusammenleben von Mensch und Tier mit meinen Ratschlägen ermöglicht wird.

Inzwischen habt ihr hoffentlich „euren" Vogel gefunden. Und nun zu Hause alles für seinen Einzug vorbereitet.

Ob ihr noch wißt, was darüber geschrieben stand? Schnell mal das Gedächtnis prüfen:

Frage 7:

Wo soll der Käfig stehen?

Antwort:..

Frage 8:

Wie soll er eingerichtet sein?

Antwort:..

....

(Beantwortung der Frage am Ende des Buches.)

Beim Transport müßt ihr aufpassen, daß euer Wellensittich keinen Zug bekommt. Am besten nehmt ihr eine große Einholtasche von Mutti mit und stellt die Schachtel mit dem Piepmatz hinein. Aber Vorsicht: die Tasche nicht fest schließen, der Vogel muß ja Luft bekommen!

Sollte es gerade kalt sein – zu Weihnachten werden ja viele Tiere gekauft und verschenkt –, dann glaubt nach dem Transport nicht etwa, ihr müßt den Putzi nun ganz schnell erwärmen und stellt deshalb den Käfig vorübergehend neben die Heizung. Das wäre total verkehrt, der Vogel muß sich im Gegenteil recht weit von Heizung oder Ofen entfernt an die Zimmerwärme gewöhnen können.

Übrigens: Streut ein bißchen Körnerfutter auf den Käfigboden, das lockt den Vogel vielleicht schnell von der Stange und verschafft ihm Bewegung.

Ja, da wäre es nun also, das gute Stück! Damit er es auch bleibt, wollen wir uns nun vor Augen halten, was ein Wellensittich bekommen darf und was nicht, womit man ihn gesund erhält und womit man ihn krank machen kann, was überflüssig ist und was ihm an gesunden Leckereien angeboten werden darf, kurz:

Wie man ihn füttert

Fliegen wir schnell mal nach Australien und sehen den Wellensittichen bei der Futtersuche zu. Emsig picken sie sich die Samen verschiedener Steppengräser in unterschiedlichen Reifestadien von den Halmen oder ausgefallene Samen vom Boden auf. Das ist ihre Hauptnahrung, und so muß auch die Hauptnahrung bei unseren Stubensittichen aussehen. Es müssen allerdings nicht unbedingt Samen australischer Steppengräser sein, denn es gibt guten „Ersatz" dafür in Hirse und dem sogenannten „Glanz". Der Handel bietet viele Mischungen an, und jede soll natürlich die allerbeste sein. Das stimmt aber nicht immer, oft werden solche Mischungen mehr für das Auge des Menschen als für den Magen des Sittichs zusammengestellt. Es gibt sehr „schön" aussehende Hirse aus Amerika und Marokko, die die Sittiche aber wegen ihrer harten Schale gar nicht so gern mögen. Die Dakotahirse sieht rötlich aus, die Hirse aus Marokko mit dem edlen Namen „Goldhirse" schön goldgelb, aber beide Sorten sind eben mehr schön als gut! Weniger ansehnlich, nämlich nur blaßgelb gefärbt, ist die sehr bekömmliche La-

Plata-Hirse. Dann gibt es noch eine ziemlich grobkörnige weißliche Silberhirse aus Amerika, die sehr nahrhaft ist und wegen ihrer weichen Schale besonders für junge Sittiche geeignet ist. Hat man nun eine fertige Futtermischung für Sittiche gekauft und stellt fest, daß sie sehr viel rote Dakota- und Goldhirse aus Marokko enthält, versucht man es beim nächstenmal mit einem anderen Futter. Ein wichtiger und sehr gesunder Bestandteil des Sittichfutters ist der Glanzsamen, längliche gelbe Körnchen mit braunem Kern. Leider wird der handelsüblichen Futtermischung bei uns sehr wenig „Glanz" beigemengt. Ist die Mischung aber sonst gut, kauft man sich einfach zusätzlich Glanzsamen (auch „Kanariensaat" genannt) und mischt dem fertigen Körnerfutter noch etwa 15 Prozent Glanz bei. Erst mal eine Rechnung: 1 Pfund Körnermischfutter = 500 Gramm. Wieviel sind 15 Prozent davon? Überlegt einmal. Also, es sind 75 Gramm, die man dem Fertigfutter zusetzen sollte. Außer den genannten Bestandteilen ist in einer Mischung noch geschälter Hafer enthalten, der Anteil soll fünf Prozent nicht übersteigen, weil Hafer sehr nahrhaft ist.

So sieht also die Grundnahrung der Wellensittiche aus.

Und die Menge, die man dem Piepmatz davon geben darf?

Füllt den Futternapf und laßt ihn picken, er nimmt davon nicht mehr, als er Hunger hat. Aber überzeugt euch immer davon, daß auch wirklich noch Körner im Napf sind! Die leeren Hülsen, die meist im Napf liegenbleiben, können durchaus einen noch gut gefüllten „Teller" vortäuschen, während der Ärmste schon vergeblich nach einer Mahlzeit sucht. Also nicht einfach gedankenlos auf den vermeintlich noch vollen Futternapf starren, sondern sich überzeugen, was wirklich noch drinnen ist.

Nun kommen aber die Extras, die vielen guten Sachen, an die Reihe, mit denen man seinem Sittich nicht nur Freude bereitet, sondern ihn vor allem ohne alle Kinkerlitzchen, diese Tropfen und jenes Pulver, gesund und munter hält.

Ein besonderer Leckerbissen: italienische Kolbenhirse

Dazu gehört die italienische Kolbenhirse, eine sehr begehrte, gesunde, aber leider auch teure Leckerei, die man seinem Sittich auf jeden Fall spendieren muß! (Und wenn's vom Taschengeld ist.) Die Hirsekolben sind etwa zehn bis zwanzig Zentimeter lang, manchmal noch länger, und werden in den Käfig gehängt. Die Vögel sind ganz versessen darauf, alle mögen Kolbenhirse! Ganz besonders wertvoll wird Kolbenhirse, wenn man sie ankeimt: Man legt den Kolben in Wasser, und ist er schön frisch, keimt er bereits binnen 24 Stunden. Bei einem nicht mehr ganz so frischen kann es etwas länger dauern. Diesen Kolben mit den kleinen Keimen hängt man nun in den Käfig. Nehmt dafür aber kleine Kolben: Keimfutter schimmelt schnell und ist dann schädlich. Man darf angekeimtes Futter immer nur einen Tag im Käfig lassen, da wäre es also Verschwendung, einen großen Kolben keimen zu lassen.

Gewiefte Vogelhalter überzeugen sich übrigens durch eine Keimprobe, ob das Futter frisch oder alt ist. Je frischer, desto besser die Keimfähigkeit. Man kann auch noch auf andere Art eine solche Probe machen: Man zerbeißt von jeder Sorte ein Körnchen, schmeckt es etwas ranzig, etwa wie eine ranzige Nuß, ist das Futter abgestanden und ihr solltet in einem anderen Geschäft mit größerem Umsatz kaufen. Dort steht das Futter nicht so lange herum, daß es ranzig werden kann.

Auf was man auch alles achten muß ... Aber ihr mögt ja schließlich auch keine alten, halb verdorbenen Sachen, steinharte Kuchen, ranzige Nüsse usw. Den Tieren geht es nicht anders. Ihr Essen soll auch einwandfrei sein.

Nun kommen wir zu den anderen Beigaben, die gesund und lecker sind. Voraussetzung ist natürlich, daß sie der Piepmatz auch frißt.

Daß Vögel mißtrauisch sind, habe ich bereits erwähnt. Dieses Mißtrauen erstreckt sich aber nicht nur auf fremde Gegenstände, auch unbekannte Nahrungsmittel sind ihnen nicht geheuer. Es kommt dann wieder einmal darauf an, Geduld und Beharrlichkeit zu zeigen. Eines Tages ist die Neugier größer als die Scheu, Putzi muß doch mal probieren – und siehe da, das Furchtbare ist ja gar nicht furchtbar!

Ich bekomme häufig die Klage zu lesen: „Mein Sittich will kein Grünfutter (oder Obst oder geriebene Mohrrüben), er guckt es überhaupt nicht an. Es hat doch keinen Sinn, ihm das zu geben, wenn er es doch nicht nimmt!"

Erkundige ich mich näher, so erfahre ich, daß man es nur zwei oder dreimal versucht und dann schnell wieder aufgegeben hat.

So nicht, Freunde! Stellt ihm jeden Tag wieder ein bißchen rohe geriebene Mohrrüben hin, steckt ihm einen Apfel- oder Birnenschnitz zwischen die Stäbe, legt ihm Grünes hin – und nehmt es abends wieder aus dem Käfig und werft es weg! Denn diese Dinge verderben schnell, säuern, werden welk oder schimmlig, und dann sind sie nicht mehr gut, sondern schädlich.

„Grünes" – was ist das nun?

Salat werden die meisten von euch ganz automatisch denken. Doch Salat ist auch nicht mehr das, was er einmal war. Er wird „gespritzt" gegen Ungeziefer usw. Das darf zwar nicht kurz vor seiner Ernte geschehen, und abwaschen tut man ihn schließlich auch. Es können aber trotzdem noch geringe Reste von Chemikalien zurückbleiben, die dem Menschen, so sagt man, nicht mehr schaden, aber auf den Mini-Organismus des Vogels können sie sehr gesundheitsschädlich wirken.

Als ich einmal in einer Tierhandlung stand, kam eine Dame und erzählte traurig, daß ihr Sittich, den sie erst vor 14 Tagen gekauft hatte, an nicht zu stoppendem Durchfall eingegangen wäre. Die Geschäftsinhaberin sagte uns darauf ganz betroffen, daß in den letzten drei Wochen einige Sittiche im Ort auf diese Weise gestorben wären, und es hätte sich dann herausgestellt, daß alle von einem Geschäft Salat bekommen hätten, der aus Holland importiert worden war. Einige andere waren zwar erkrankt, aber da die Besitzer etwas Erfahrung besaßen und gleich das Salatfüttern gestoppt hatten, waren sie wieder gesund geworden.

Die Lehre daraus heißt: Salat darf man nur füttern, wenn er aus dem eigenen Garten kommt und garantiert ungespritzt ist!

Grünes muß ja auch nicht gleichbedeutend mit Salat sein, man kann ihn vollkommen durch anderes Grün ersetzen.

Da wäre vor allem die Vogelmiere zu nennen, ein von den Menschen als „Unkraut" eingestuftes Gewächs, das an Wegrändern, in Feld, Wald, auf Wiesen und zum Teil auch in Gärten wächst. Auch Löwenzahn-Blätter, vor allem die zarten jungen, können gegeben werden, aber nicht alle Sittiche befreunden sich damit. Junge Disteln, Wiesenkräuter wie Hirtentäschel, Kreuzkraut und Wegerich eignen sich auch bestens. (Nun müßt ihr schon mal nach einem Büchlein angeln, in dem abgebildet ist, was in der Natur wächst!) Ganz besonders gut als Zusatznahrung für euren Sittich sind die Samenstände der Gräser in den verschiedenen Reifestadien. Es können sowohl milchige, unreife Samen als auch ausgereifte sein. Warum, könnt ihr selbstverständlich allein beantworten! (Weil es „naturgerechtes" Futter ist.)

Haferähren, halbreif oder reif, sind ebenfalls ein Leckerbissen, und ein paar Ähren darf man schon am Rand eines Feldes abrupfen.

Doch schon kommt das große „Aber" hinterher.

Wir leben in einer Welt der Chemikalien, der Fabrik- und Autoabgase. Diese beeinträchtigen die Bekömmlichkeit aller Gewächse in der Natur, und bewirken, daß das was „so gesund" aus dem Boden sprießt, zu einem gesundheitlichen Risiko für die Tiere wird. Selbst mitten im Wald kann es passieren, daß zur Unkrautvernichtung an Graben- und Wegrändern Chemikalien versprüht werden, weil die Arbeitskräfte, die es sonst abgemäht haben, den Forstbehörden zu teuer geworden sind. Wehe dem, der dort nun arglos Grünes für seinen Piepmatz holt.

In der Nähe großer Industrieanlagen oder mitten im Industriegebiet soll man lieber ganz auf in der Natur gewachsenes Grün verzichten, man kann es nämlich sehr gut in Schälchen heranziehen. Kresse, Linsen, ein bißchen vom Körnerfutter sät man in einem kleinen Blumentopf oder einem Schälchen aus, läßt es wachsen und hat nun stets einwandfreies Grünfutter für seinen kleinen Freund bereit.

Vergeßt die frischen Zweige nicht! Weide und Holunder werden besonders gern angeknabbert, aber ihr könnt auch andere Laubholzäste nehmen, nur nicht die von gespritzten

Gewässerte Sepiaschale

Obstbäumen. Unter den Rinden sitzen Bitterstoffe, die den Vögeln gut bekommen, und außerdem ist das Nagen so nützlich, weil damit einem übermäßigen Schnabelwachstum vorgebeugt werden kann. Und knospende Zweige im Frühjahr sind ganz besonders gesund.

Als Leckerei kann man dem Sittich auch mal einen Nußkern geben, aber nicht zu oft, weil Nüsse sehr nahrhaft sind. Und natürlich dürfen es niemals gesalzene Nüsse sein!

Vogelbiskuit mögen viele Sittiche auch sehr gern. Und dann darf auf der Liste gesunder „Eßwaren" der Kalk nicht fehlen. Eine gewässerte Sepiaschale müßt ihr gleich in den Käfig hängen. Außerdem sollte in einem Extranäpfchen sogenannter „Vogelgrit" immer zur Verfügung stehen. Vogelgrit ist feingemahlener Muschelkalk, mit anderen Bestandteilen vermischt.

Guter grober Vogelsand hat auch etwas mit dem Wohlbefinden zu tun, denn die Körnervertilger unter den Vögeln brauchen kleine Steinchen, um die Körner im Kropf „verarbeiten" zu können. Und Kalk kann man ihnen in höchst einfacher Weise zusätzlich geben: immer mal eine Eierschale zerkrümeln und die Krümel einfach auf den Käfigboden streuen.

So—ich hoffe, ich habe nichts vergessen. Und nun beantwortet:

Frage 9:

Was alles tut eurem Sittich gut?

1. Hauptnahrung besteht aus:..

....

2. Was soll man dabei beachten?..

....

3. Wie kann man fertige Körnermischungen noch verbessern?

....

4. Warum darf man nicht jeden Salat verfüttern?.......................

....

5. Welches Obst darf er bekommen? ....

....

6. Wie kann man ihm ein besonders gutes Zusatzfutter bereiten?

....

7. Was kann man in der Natur für ihn ernten? ....

....

8. Worauf muß man dabei achten? ....

....

9. Was tut ihm sonst noch gut? ....

....

10. Was darf ihm nicht fehlen? ....

....

Das ist eine ganz schön lange Liste, und ich würde gern wissen, ob ihr das alles aus dem Gedächtnis ausfüllen konntet! Wenn ja, habt ihr wieder ein dickes Kompliment verdient!

Ich wiederhole noch einmal, daß ihr nicht gleich die Flinte ins Korn werfen dürft, wenn euer Hansi sich mehr oder weniger lange Zeit weigert, die guten Sachen zu sich zu nehmen. Hier heißt es, Dickkopf gegen Dickkopf setzen, immer wieder versuchen, wozu er sich schließlich doch „überreden" läßt. Je mehr der guten Dinge er anzunehmen geruht, um so besser ist auf natürlichem Weg für seine Gesundheit gesorgt. Ein Vogel, der Grünes, Obst, Zweige usw. bekommt, braucht keine Tropfen, Pillen und Pulver: er wird auch so bestens gedeihen. Mit dem Zuviel an künstlichen Zusätzen, ob Vitamine oder anderes, kann man ihm sogar schaden, während er natürliche Vitamine und Mineralien niemals zuviel bekommen kann.

Damit wißt ihr nun auch bestens über die Fütterung eures Sittichs Bescheid und wir können uns über seine Pflege unterhalten.

Wie pflege ich meinen Sittich?

Manchmal sträuben sich mir die Haare, wenn ich höre oder lese, was die Menschen in bester Absicht mit ihren Piepmätzen so alles anstellen. Schrieb mir doch jemand, ob es wohl richtig wäre, bei der zweimaligen wöchentlichen Generalreinigung des Käfigs auch den Vogel ganz naß zu duschen und ihn, wenn er wieder trocken wäre, mit einem Ungeziefermittel zu besprühen.

Gewiß kann man einem Vogel, der nicht von allein baden mag, oder das nur ausnahmsweise tut, weil er in der Natur eben etwas anderes gewöhnt ist, mit einem zimmerwarmen Brausebad durchaus etwas Gutes tun. Aber ihn sozusagen „auf Verdacht" mit einem Ungeziefermittel zu Leibe zu rücken, ist ausgesprochen gefährlich. Solche Mittel dürfen nur angewendet werden, wenn wirklich Veranlassung dazu besteht, also wenn der Vogel Milben hat. Doch selbst dann sollte man möglichst vermeiden, den Vogel selbst zu behandeln.

Erst will ich euch aber erklären, wie ihr überhaupt feststellen könnt, ob er Milben hat. Diese Gefahr besteht bei frisch gekauften Sittichen, sie könnten in der Voliere, bei dem Zusammenleben mit anderen Sittichen diese Quälgeister eingefangen haben. Man legt darum schon am ersten Abend ein doppelt zusammengefaltetes weißes Tuch als „Nachtabdeckung" über den Käfig und sieht sich morgens bei hellem Licht – im Winter unter einer hellen Lampe – genau die Faltenbrüche an: hier verkriechen sich die Milben gern, man erkennt bewegliche winzige rote und graue Punkte. Zerdrückt die Biester und bereitet alles für eine gründliche Desinfizierung des Käfigs und der näheren Umgebung vor. Entdeckt man das Ungeziefer sehr schnell, kann es sich noch nicht weit ausgebreitet haben. Ist der Vogel schon tage- oder gar wochenlang im Hause und man bemerkt erst dann die unsympathischen Untermieter, können sie schon überall in der Käfig-Umgebung, in Fußbodenritzen, unter den Wandverkleidungen usw. sitzen, dann macht es sehr viel Mühe, ihrer Herr zu werden. Man darf sich natürlich auch nicht gleich zufriedengeben und sagen: Milben hat er keine!, wenn am ersten oder zweiten Morgen nichts zu finden ist. Meistens eine Woche lang solltet ihr jeden Morgen das Tuch genau kontrollieren. Ist dann noch immer keine Milbe in Sicht – was wir hoffen wollen –, könnt ihr ziemlich sicher sein, daß der Piepmatz frei von diesem Ungeziefer ist.

Habt ihr aber Milben entdeckt, müßt ihr schnell handeln. Dr. Stemmler, von dem ich schon geschrieben habe, empfiehlt ein sehr einfaches Mittel. Man soll ein wenig Benzin in ein Schälchen gießen und mit einem feinen Pinsel alle Fugen und Ritzen des Käfigs damit ausstreichen. Den Vogel muß man halt während dieser Zeit in eine Notunterkunft stecken. Ich rate euch, für solche und ähnliche Fälle einen einfachen kleinen Transportkäfig aus Holz in Reserve zu halten, der ja nicht viel kostet. Und noch etwas: Wenn man in einem Raum mit Benzin hantiert, muß man auf jeden Fall das Fenster geöffnet lassen und darf kein Streichholz oder eine Kerze brennen lassen!

Mit dem Vogel selbst braucht ihr nichts zu machen, es ist sehr unwahrscheinlich, daß sich am Tage noch eine Milbe auf ihm herumtreibt. Aber zur Kontrolle legt ihr weiterhin das weiße Tuch über den Käfig, es könnte doch sein, daß sich schon ein paar der Blutsauger unter dem Tisch oder sonstwo verkrochen hatten und ihr nächtliches Werk fortsetzen.

Daß ein Stubenvogel, der frei von Milben ist, dann bei euch welche bekommt, ist sehr unwahrscheinlich: Sie müßten ja von anderen Vögeln „übersteigen". Etwas anderes ist es, wenn man Vögel — welche Art auch immer — in Freivolieren im Garten hält. Die können selbstverständlich durch Wildvögel, die sich auf die Voliere setzen, immer mit Ungeziefer infiziert werden.

Zur Pflege des Vogels gehört natürlich die Pflege des Käfigs: Es ist doch einleuchtend, daß ein Vogel nur in einem sauberen Käfig gesund bleiben kann. Der Sand soll zweimal pro Woche gewechselt werden, der Käfig wird einmal in der Woche gründlich gesäubert. Das geht natürlich am besten, wenn der gut eingewöhnte und „brave" Sittich inzwischen im Zimmer herumfliegen darf. Sonst muß man ihn während der Generalreinigung im Transportkäfig unterbringen. Vermeidet das aber nach Möglichkeit, bevor der Bursche sich eingelebt hat, denn die Übersiedlung würde ihn wieder ängstigen.

Daß die Futternäpfe beim täglichen Füllen gesäubert werden, und das Trinkwasser täglich erneuert wird ist selbstverständlich. Ebenso selbstverständlich ist es hoffentlich schon für euch, daß verderbliche Leckerbissen abends entfernt werden, wenn der Gute sie liegengelassen hat. Einen Apfelschnitz könnt ihr bis zum anderen Tag steckenlassen, aber geriebene Mohrrüben und nicht verspeistes Grünfutter solltet ihr wegnehmen.

Können Sittiche ihren Schnabel nicht richtig „wetzen" und abnutzen, wächst er oft überlang. Das kann so arg werden, daß der arme Kerl bei vollem Futternapf verhungern muß, weil er mit dem abnorm langen Schnabel keine Körner mehr knacken kann. Wenn ihr nun dafür sorgt, daß euer Freund immer Zweige zum Benagen hat, eine Sepiaschale nicht fehlt, wird es kaum zu derartigem Schnabelwuchs kommen. Es kann aber sein, daß es bei manchen Sittichen auch auf einer Veranlagung beruht, und dann hilft nichts anderes, als das Schnabelhorn immer wieder vorsichtig Span für Span kürzen zu lassen; eine Prozedur, die höchst unerfreulich ist und den betroffenen Sittich sehr schlaucht. Er braucht meist einige Tage, um sich von dem Schock zu erholen, kann oft anfangs keine Körnchen beißen, und man muß ihm weiches Futter geben wie Vogelbiskuit, geriebene Mohrrüben und feingehacktes, hartes Eidotter. Aber wie gesagt: Bei Sittichen, die immer die Möglichkeit bekommen, an verschieden starken Ästen herumzuknabbern, tritt dieses Übel selten auf. Es sei denn, daß es krankheitsbedingt ist. Darüber schreibe ich noch.

Auch die Krallen nutzen sich in einem Käfig nicht so ab, wie es in der Natur oder in einer Freivoliere der Fall ist. Zu lange Krallen können aber dem Vogel nicht nur Last bereiten, sie können sogar gefährlich für ihn werden: Er bleibt damit am Gitter hängen, und ist nicht jemand zur Hand, der ihn aus seiner mißlichen Lage befreit, flattert er sich zu Tode oder bricht sich das Beinchen. Nun kann man die Krallen vorsichtig kürzen, aber auch das ist weder für den Menschen und schon gar nicht für den Vogel erfreulich. Denkt darum an die Keramikzweige (oder Röllchen), von denen ich euch schon erzählt habe, sie sorgen dafür, daß die Krallen sich normal abnutzen.

Kommen wir noch einmal auf das Baden. Ihr könnt gern ausprobieren, ob euer Sittich zu den seltenen Ausnahmen gehört, die ein Vollbad gern haben. Ich habe euch ja erzählt, daß ich einige Zuschriften bekam, als ich geschrieben hatte: Wellen-

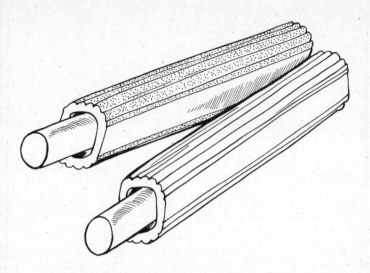

Keramik-Zweige zum Abschleifen der Krallen

sittiche baden nicht. In einem Fall flog der Sittich immer zum Spülbecken, stellte sich unter den Hahn und schlug mit den Flügeln. Man mußte dann den Wasserhahn leicht aufdrehen, und er nahm begeistert unter dem feinen Strahl ein Bad. Das ist aber noch durchaus naturgemäß, denn das kann er in seiner Heimat bei Regengüssen auch so halten. Aber es gibt auch Sittiche, die ein regelrechtes Vollbad nehmen. Die wilden Artgenossen wälzen sich gern auf vom Morgentau feuchten Blättern und Gräsern. Diese Badegewohnheit können wir leicht kopieren: Eine Handvoll nasse Blätter, ein großes nasses Salatblatt (unter Berücksichtigung dessen, was ihr über Salat wißt!) auf den Käfigboden gelegt, kann euren Sittich dazu veranlassen, sich wie ein „wilder" Australier zu benehmen. Nach dem „Bad" nehmt ihr das nasse Zeug wieder aus dem Käfig. Die dritte Möglichkeit ist das sanfte Brausebad mit zimmerwarmem Wasser. Eine Blumenbrause ist geeignet dafür.

Das ist auch schon alles, was so ein Piepmatz an Pflege braucht. Nicht besonders viel – aber das muß regelmäßig und pünktlich geschehen. Hat man ein Tier, ist es ganz unmöglich zu sagen: Och, heute habe ich mal keine Lust, mich um den

Putzi zu kümmern! Man kann ein Spielzeug in die Ecke feuern, aber nicht ein Tier.

Nicht direkt zur Pflege, aber doch zur guten Betreuung gehört die rechtzeitige Lösung der Frage: Wo bleibt der Vogel, wenn die Familie Ferien macht? Die meisten Zoogeschäfte bieten zwar an, einen bei ihnen gekauften Vogel in Pension zu nehmen. Es ist aber nicht die beste Lösung, denn unweigerlich kommt der Vogel dort wieder mit anderen in Berührung, kann sich Ungeziefer und Krankheiten holen oder wird wieder scheu und ängstlich durch den Betrieb dort. Sehr viel besser ist es, man kann ihn bei Verwandten oder Freunden unterbringen; das müssen dann natürlich zuverlässige Tierfreunde sein! Ihr müßt dann alles gut vorbereiten, das heißt ausreichend das gewohnte Körnerfutter mitgeben und auf einem Zettel genau notieren, was der Sittich sonst noch alles bekommt, in welcher Menge und zu welcher Tageszeit. Auch in welcher Form er „badet" und zu welcher Zeit. Tiere sind unglaublich pedantisch, bei ihnen muß immer alles ganz genau nach Plan ablaufen, sonst fühlen sie sich unbehaglich. Wenn ihr aber so gut überlegt für ihn auch während der Zeit eurer Abwesenheit sorgt und Freunde findet, auf die ihr euch verlassen könnt, werdet ihr bei der Rückkehr einen gesunden Putzi wiederfinden. Ihr könnt ja außerdem dieses Taschenbuch mitgeben, dann weiß der Betreffende ganz genau, wie er seinen Pensionsgast behandeln muß.

„Wellensittich entflogen!"

Nicht gerade selten liest man diese Anzeige, und längst nicht immer wird der Entflogene zurückgegeben. Das muß nicht auf die böse Absicht derer zurückzuführen sein, denen der Vogel zugeflogen ist, denn nicht jeder liest jede Zeitung. Und – leider – fliegt auch nicht jeder Sittich anderen Menschen zu. Nicht immer geht die Sache so glimpflich aus, wie ein kleines Mädchen in einer Zeitung schilderte: Ihr Wellensittich war durch ein versehentlich offengebliebenes Fenster entwischt, aber nicht weit geflogen. Er saß auf der Fensterbank eines Nachbarhauses. Die Familie lief mit seinem Käfig hinaus und rief und lockte „Max", der aber keine Neigung zeigte, zurückzukehren. Da hatte die Nachbarin eine gute Idee. Sie „lieh" ihren Wellensittich – natürlich in seinem Käfig –, und man stellte ihn in Sicht- und Hörweite von Max auf. Als er den fremden Artgenossen entdeckte, kam er angeflogen, setzte sich auf den Käfig und schimpfte auf den Fremdling los. Seine kleine Besitzerin streckte ihm nun vorsichtig die Hand entgegen, die Max ja bestens vertraut war, lockte ihn zärtlich – und plötzlich kam Max zu ihr, setzte sich auf ihre Hand und ließ sich zu seinem eigenen Käfig tragen. Es war noch einmal gutgegangen.

Leider ist das durchaus nicht immer so. Zwar neigen Stubenvögel dazu, sich wieder Menschen anzuschließen. Aber manchmal finden sie kein offenes Fenster, oder sie werden ganz schnell von einer Katze oder einem Sperber getötet, denn die Gefahren des Lebens draußen in der Natur sind ihnen ja unbekannt. Es ist also immer eine sehr böse Geschichte, wenn ein Stubenvogel entkommt.

Habt ihr einen gut sprechenden Sittich, müßt ihr ihm unbedingt eure Telefonnummer beibringen, und zwar sorgfältig in der richtigen Reihenfolge: erst die Vorwahlnummer, dann eure Anschlußnummer. Noch besser ist es, wenn er vorher sagen kann: Telefon ... und dann die volle Nummer. Solche Künstler werden eigentlich immer zurückgegeben, vorausgesetzt, sie fliegen irgend jemand zu. Es kann aber geraume Zeit dauern, denn in einer neuen Umgebung vergißt ein Sittich oft für eine Weile das Sprechen, da er vermutlich erst mal mit dem Einleben beschäftigt ist. Eines Tages kramt er aber aus seinem Gedächtnis heraus, was er gelernt hat, und sind es dann „gute" Menschen, werden sie die alten Besitzer anrufen.

Einmal erzählte man mir, daß so ein gut sprechender Sittich schon einige Wochen bei einer Familie gelebt hatte und allen ans Herz gewachsen war. Da rückte er plötzlich nicht nur mit einer Telefonnummer heraus, sondern sogar mit einer vollständigen Adresse! Große Betrübnis, vor allem bei den Kindern, die sich so sehr an den Zugeflogenen gewöhnt hatten, aber die Eltern machten ihnen klar, daß bei der anderen Familie vielleicht auch Kinder um den Verlust des drolligen Vogels trauerten. Also rief man dort an – und bekam die Nachricht, daß die Tochter, der der Vogel gehörte, schon seit vier Wochen einen neuen hätte und daß man den anderen behalten könnte, wenn man wollte.

Natürlich wollte man!

Aber wie gesagt, es gibt nicht immer ein so glückliches Ende, und darum ist es sehr viel ratsamer, immer gut darauf zu achten, daß der kleine Freund nicht entfliehen kann.

Übrigens: Er will nicht etwa „in die Freiheit" entweichen, wenn er so davonfliegt. Es ist nur einfach kein Hemmnis vorhanden, und so fliegt er eben weiter.

Nicht nur durch Entfliegen kann ein Wellensittich ein trauriges Ende finden. Auch in der Küche drohen ihm erhebliche Gefahren, wenn er dort den Käfig verlassen darf. Daß die Küche an sich kein guter Platz für einen Daueraufenthalt ist, habe ich ja schon erzählt. Gefahr besteht, wenn der Sittich über den Herd fliegt, auf dem es gerade in einem offenen Topf schön brodelt: Die heißen Dämpfe lassen ihn abstürzen, hinein in das kochende Wasser. Eine weitere Gefahr sind unbenutzte, aber noch heiße Elektroplatten. Der Vogel kann ja nicht wissen, daß er sich die Füßchen daran verbrennt, wenn er die Platte als Landeplatz wählt. Ihr seht also, „Küchenunfälle" können nicht nur Hausfrauen passieren.

Wenn der Sittich krank ist

Wir wollen es zwar nicht hoffen, aber auch ein gut gehaltener, bestens gepflegter Sittich kann durch unglückliche Umstände einmal erkranken. Gewiß gehört er dann zu einem erfahrenen Kleintierpraktiker, aber kleine Unpäßlichkeiten lassen sich manchmal auch mit Hausmitteln beheben.

Gleich an den Anfang möchte ich eine Vogelkrankheit stel-

len, vor der die Menschen sich mit einigem Recht fürchten. Es ist die im Volksmund „Papageienkrankheit" genannte Psittacose. Ich will euch nicht mit langen Ausführungen und medizinischen Fachausdrücken plagen. Es kommt heutzutage äußerst selten vor, daß ein Mensch sich mit der Papageienkrankheit ansteckt, aber es kann vorkommen. Durch die modernen Medikamente hat die Krankheit zwar viel von ihrer Gefährlichkeit verloren, aber sehr unangenehm ist eine Infektion immer noch. Vernunft im Umgang mit dem Sittich schließt eine Infektionsgefahr geradezu aus. So soll man unter gar keinen Umständen dem Vogel Körnchen (oder anderes Futter) zwischen den Lippen anbieten und sich „Küßchen" von ihm geben lassen. Das ist an sich schon äußerst unappetitlich: Überlegt euch doch mal, daß er sich vielleicht gerade kurz vorher die Federn am Po geputzt hat ... Und dann pickt er gegen eure Lippen ... Aber darüber hinaus kann dieser Kontakt auch zu Krankheitsübertragungen führen. Also laßt den Quatsch, es gibt wirklich andere Möglichkeiten, mit dem Vogel vertraut zu werden.

Nun kommt es hin und wieder vor, daß jemand auf irgendeine Tierart allergisch reagiert. Es gibt Menschen, die nicht mit Hunden, Katzen oder Pferden in Berührung kommen dürfen, ohne Nesselfieber oder gar schweres Asthma zu bekommen. Das kann auch mit Vögeln passieren. In so einem Fall muß das betreffende Tier leider weggegeben werden, denn es ist ja ein unhaltbarer Zustand, wenn ein Familienmitglied dauernd an einer Allergie leidet! Ganz abgesehen davon, daß das zu durchaus gefährlichen Gesundheitsstörungen führen kann. Wenn darum nach dem Einzug des Vogels einer von euch dauernd Hautausschlag hat, schniefeln oder husten muß oder gar Atemnot hat, dann muß überprüft werden, ob der Vogel daran schuld ist.

Nun ist das zwar keine Krankheit eines Sittichs, aber ich habe es hier mit erwähnt, weil es unter den Begriff „Krankheit durch Vögel" fällt und sehr wichtig ist.

Nun aber ein paar Anzeichen dafür, daß dem Sittich etwas fehlt. Am deutlichsten macht sich natürlich Durchfall bemerkbar. So etwas kann von etwas reichlich Grünfutter kommen, also stoppt man als erste Maßnahme das Füttern mit Grünzeug und paßt auf, ob der Kot wieder normal wird. Ist das nicht im Laufe eines Tages der Fall, sollte man lieber den Tierarzt fragen, denn Herumexperimentieren kann man sich nicht erlauben. Dem Kranken gibt man statt Leitungswasser dünnen Schwarztee zu trinken und Kolbenhirse als Futter. Auch ein paar Haferflocken kann man statt der Körner hinstellen. Aber wie gesagt: Bessert sich der Zustand dann nicht sichtbar im Laufe des Tages, soll man lieber zum Tierarzt gehen.

Der richtig gehaltene, an sich gesunde Stubenvogel kann sich eigentlich nur durch Unaufmerksamkeit des Besitzers eine Krankheit holen. Infektionsmöglichkeiten durch andere Vögel gibt es ja nicht. Wohl aber kann er sich erkälten. Zugluft ist der gefährlichste Feind aller Stubenvögel, und das besonders im Sommer! Je heißer es ist, um so mehr Fenster werden aufgerissen, man lechzt nach Kühlung und macht „Durchzug". Schon hat Putzi seine Erkältung weg, die sich sowohl als Darmerkrankung als auch als regelrechter Schnupfen äußern kann. Denkt daher gerade bei Hitze daran, daß der Vogelkäfig gegen Durchzug geschützt werden muß, und wenn man ihn dafür auch am Tag vorübergehend gut mit einem Tuch abdecken muß. Im Winter darf man den Käfig nicht zwischen gut geheizten und schwach oder gar nicht geheizten Räumen hin und her tragen. Zwar hält der im Freien lebende Sittich erhebliche Temperaturschwankungen aus, aber er ist ja auch nicht so verwöhnt wie ein echter Stubenvogel!

Den neu gekauften Vogel muß man über längere Zeit hinweg kritisch beobachten. Er kann natürlich Krankheitskeime in sich tragen, die auch bei eingehendster Musterung nicht sofort erkennbar waren, darum die Aufmerksamkeit.

ks oben sitzt ein „Wellenpapagei" in seinem Originalfederkleid, wie er
st von Sir John Gould in Australien entdeckt und beschrieben wurde.
Farbenpracht der anderen entstand, nachdem der Wellensittich zum
züchteten Haustier wurde und ist der Kunst der Züchter zu verdanken.

Der reizende Mini-Kakadu namens „Nymphensittich" ist zwar nicht ga[nz] so sprechbegabt wie der Wellensittich, kann aber ein sehr netter Hau[s]genosse sein.

Eine Futterumstellung kann auch bei einem an sich gesunden Vogel zu leichtem Durchfall führen. Da die Vögel in einer Tierhandlung kaum frisches Grünfutter bekommen, dürft ihr eurem in der ersten Zeit nur wenig frisches Grün geben, auch wenn er sich sofort voll Heißhunger darauf stürzt. Im Gegenteil, je gieriger er es nimmt, um so vorsichtiger müßt ihr es dosieren. Beobachtet dabei, ob sein Kot normal bleibt Ist das der Fall, so könnt ihr den Grünfutteranteil allmählich steigern.

Sitzt er anfangs etwas betrübt herum, muß das kein Krankheitszeichen sein, er kann „trauern", weil er sich in der fremden Umgebung allein und verlassen vorkommt. Zeigt aber ein eingewöhnter Vogel so ein Verhalten, hockt er auch am Tag unlustig auf der Stange, hat keinen Appetit oder stochert nur, ohne wirklich etwas zu verzehren, im Futternäpfchen herum, dann ist das schon ein Alarmzeichen. Ein Vogel hält kein langes Hungern aus, man darf darum nicht lange abwarten, ob sich sein Appetit wieder einstellt. Bringt ihn daher sofort zum Tierarzt.

Jetzt werdet ihr vielleicht befürchten, daß ihr andauernd zum Tierarzt laufen müßt. Aber es ist ziemlich unwahrscheinlich, daß man gerade einen Sittich erwischt, der zu den Anfälligen gehört – wenn man beim Kauf mit der nötigen Sorgfalt vorgeht und sich ein tadellos geführtes Zoogeschäft oder beim Kauf einen guten Züchter aussucht.

Ich will euch auch keineswegs alle Krankheiten aufzählen, die Wellensittiche bekommen können. Was soll's! Aber auf eine Krankheit möchte ich euch doch noch aufmerksam machen: den durch Milben verursachten „Schnabelschwamm", auch „Sittichräude" genannt. Ein über Jahre hinweg völlig gesunder Sittich kann nämlich plötzlich die ersten Anzeichen dieser Räude zeigen, er hat die Verursacher der Krankheit jahrelang gehabt, ohne daß sie tätig wurden. Wieso sich das dann plötzlich ändert, weiß man nicht genau. Es läßt sich nur vermuten, daß der Vogel vielleicht einmal in seinem Befinden nicht ganz auf der Höhe war und schon werden diese Milben aktiv. Die ersten Anzeichen findet man am Schnabel. In den Spalten der Schnabelwinkel zeigt sich ein weißlicher Belag. Er fällt nur dem auf, der seinen Sittich wirklich sehr genau betrachtet. Später bilden sich dort Borken, die aussehen, als hätte man sie mit weißem Puder bestäubt. Nun wird es höchste Zeit, etwas zu unternehmen, sonst breitet sich der Milbenbefall über den ganzen Kopf des Vogels aus, ja, auch andere Körperpartien können befallen werden. Das Schnabelhorn wird durch die Tätigkeit der Milben brüchig, der Schnabel wächst sich zu einem abnorm langen Gebilde aus, wird schief oder wächst über Kreuz. Das hört sich zwar schrecklich an, doch so weit darf man es gar nicht erst kommen lassen. Die Heilungsaussichten sind bei rechtzeitiger Behandlung des Schnabelschwamms sehr gut, nur solltet ihr lieber nicht mit selbstgekauften Medikamenten herumfummeln, sondern die Behandlung dem Tierarzt überlassen. Ich muß noch einschränkend sagen, daß ein solcher Fall, wo die Krankheit sich erst nach Jahren zeigt, zwar möglich, aber selten ist. Aber man kann ja vorsichtshalber kritisch bleiben und immer mal genau hinsehen. Findet ihr nicht auch?

Im Auge solltet ihr auch den Fußring behalten. Es kommt leider recht häufig vor, daß diese dem ganz jungen Vogel angelegten Ringe mit der Zeit zu eng werden. Merkt man das nicht, schnürt der enge Ring das Beinchen so ein, daß es sich schwer entzündet und unter Umständen sogar amputiert werden muß. Sobald der Ring nicht mehr locker am Bein gleiten kann, sollte man ihn entfernen: Er wird vorsichtig mit einer Zange abgezwickt. Hebt ihn auf, damit jederzeit nachgesehen werden kann, welche Registriernummer der Sittich hat. Das ist eine reine Vorsichtsmaßnahme.

Beinschäden können auch bei Befall mit den sogenannten „Kalkbeinmilben" entstehen. Ich habe ja geraten, sich die Beinchen des Vogels, den ihr kaufen wollt, ganz genau anzusehen, ob sie glatt und ohne Borken sind. Unter diesen rauhen Borken stecken nämlich die Milben. Sollte sich bei dem vor dem Kauf genau geprüften und in Ordnung befundenen Sittich nach einiger Zeit doch ein Befall mit Kalkbeinmilben zeigen, müßt ihr euch gleich ein entsprechendes Mittel in der Tierhandlung holen und die Beinchen damit genau nach Vorschrift behandeln.

„Genau nach Vorschrift" geht man übrigens stets mit allen Medikamenten und sonstigen Mittelchen um, die einmal nötig sein könnten. Denkt nur ja nicht „viel hilft viel" – damit kann man mehr verderben als Gutes tun!

Eine ganze Reihe von Krankheiten können entstehen, wenn durch zu einseitiges Futter Mängel auftreten. Wenn ihr eure Sittiche aber so vielseitig und natürlich füttert, wie ich es euch angegeben habe, können sie an keinem Mineral- oder Vitaminmangel leiden. Immer vorausgesetzt, an Obst, Grünem und frischen Zweigen sind keine Spritzmittelreste, und ihr gebt ihnen niemals verdorbenes, angeschimmeltes, angesäuertes Futter – davon wird auch der kräftigste Vogel krank. Ihr sollt ihm auch kein kaltes Trinkwasser geben. Es ist zwar wenig wahrscheinlich, daß ausgerechnet ein Sittich sich voll Durst darauf stürzt – aber Vorsicht ist immer besser! Eine Bekannte sagte bei einer Gelegenheit mal zu mir: „Man kann gar nicht so dumm denken, wie es kommen kann!" Diese Weisheit habe ich mir schmunzelnd hinter die Ohren geschrieben. Man kann sie überall im Leben anwenden.

In dem Kapitel über Haltung habe ich geschildert, daß ein einzeln gehaltenes Männchen sich sehr unglücklich fühlen kann, weil es seinem natürlichen Trieb, ein Weibchen und Nachwuchs zu atzen, nicht nachkommen kann.

Fängt ein Sittich nun plötzlich an, Futter auszuwürgen, denken viele erschrocken, der Vogel ist krank. Und einmal erhielt ich einen Brief, in dem die Besitzerin eines Sittichs anfragte, wie sie dem Vogel „diese eklige Unart" abgewöhnen könnte. Unart!!! Es ist wirklich nicht zu fassen und direkt traurig, wie wenig die Menschen von ihren Pfleglingen wissen. Will euer Vogel euch oder sein Spiegelbild füttern, ist er zwar nicht krank, aber doch nicht so recht glücklich mit seinem Junggesellenleben.

Aber es gibt eine Art von Futterauswürgen, die krankhaft ist. Bei der Kropfseuche würgt der Vogel klebrigen Schleim aus, sitzt traurig mit geschlossenen Augen da, und man muß ihn schnell behandeln lassen, sonst stirbt er. Aber diese Kropfseuche kann er nicht bekommen, wenn er schon länger bei euch ist und nicht mit fremden Vögeln in Berührung kommt.

Ein paar Worte noch zur Mauser, die ein normaler Vorgang ist. Nur mausert der Sittich nicht wie fast alle anderen Vögel zu einer bestimmten Jahreszeit. Sein Jugendkleid verliert er mit etwa vier Monaten. Dann aber federt er nie wieder „auf einmal" um, sondern verliert immer mal ein paar Federn. Das beunruhigt aufmerksame Sittichbesitzer, die nicht wissen, daß das ständige Federlassen beim Sittich nicht krankhaft ist. Verliert er die langen Schwanzfedern und die Kehlfedern mit den niedlichen Tupfen, sieht er vorübergehend ein bißchen zerzaust aus. Aber nach etwa vier Wochen sind auch diese Federn wieder nachgewachsen.

Zu Federrupfern werden eure vernünftig gefütterten Sittiche wohl kaum werden: Sie haben ja stets frische Zweige, an denen sie nagen können, sie bekommen alles, was der Körper braucht, und sie werden nie so lange allein gelassen, daß sie sich vor lauter Langeweile mit Federrupfen die Zeit vertreiben mußten.

So ist es doch – oder?

Mit dieser kurzen Aufzählung möglicher Krankheiten seid ihr zwar keine Vogeldoktoren geworden, aber das war auch nicht der Zweck der Übung. Ihr sollt nur einen Überblick bekommen und wissen, wie man Krankheiten vermeiden und Krankheitsanzeichen erkennen kann.

Dazu betreiben wir schnell wieder unser Gedächtnis-Spielchen und beantworten.

Frage 10:

Kann man sich unbesorgt darauf verlassen, daß ein gut und gesund aussehender Wellensittich keine Krankheitskeime in sich trägt?

Antwort:..

....

Frage 11:

Worauf soll man in den ersten Wochen und Monaten besonders achten?

Antwort:..

....

Frage 12:

Wie muß man es am Anfang mit dem Futter halten?

Antwort:..

....

Frage 13:

Was kann dem eingewöhnten Vogel immer gefährlich werden?

Antwort: ....

....

Frage 14:

Woran erkennt man, daß ein Vogel sich nicht wohl fühlt?

Antwort: ....

....

Frage 15:

Warum soll man den Fußring im Auge behalten?

Antwort: ....

....

(Beantwortung der Fragen am Ende des Buches.)

Bunt, bunter, am buntesten

Wenn man die Farbenpracht der Sittiche sieht, die so hübsch gezeichneten türkisfarbenen, blauen, gelben, weißen und gescheckten Vögel, kann man sich kaum vorstellen, daß die wilden Vettern alle ganz einfach grün sind und daß die ganze bunte Schar von ihnen abstammt. Aber es ist tatsächlich so. Die Wellenpapageien von Sir John Gould waren schlicht grün, die wilden Wellensittiche in Australien sind es noch heute.

Aber Farbabweichungen traten dann bei den gezüchteten Sittichen schon recht bald auf. Nun gibt es wahre Zuchtkünstler unter den Sittichfreunden, die mit Aufmerksamkeit, Mühe und Verstand immer neue Farbvariationen herauszuzüchten vermögen. Ihnen verdanken wir es, daß es heute die kunterbunte Wellensittich-Schar gibt. Was für einen man sich aussucht, ist Geschmackssache. Und natürlich eine Preisfrage. Je seltener eine Färbung ist, um so teurer muß man sie bezahlen. Denkt dann daran, daß auch der schlicht grüne „Original-Wellensittich" alle Voraussetzungen hat, euch ein liebenswerter Freund zu werden.

Damit wollen wir uns vom Wellensittich trennen, denn ich möchte euch noch einen anderen Australier vorstellen.

Ein Mini-Kakadu: der Nymphensittich

Ich möchte euch noch einen zweiten liebenswerten Gefiederten aus Australien vorstellen, den Nymphensittich.

Wenn ich ihn als „Mini-Kakadu" bezeichne, also in die Familie der Kakadus versetze, muß ich hinzufügen, daß sich die Gelehrten noch nicht ganz darüber einig geworden sind, wo sie den Nymphensittich nun wirklich einordnen sollen. Die einen zählen ihn zu den Plattschweifsittichen, deren kleinster Vertreter unser Wellensittich ist. Die anderen rechnen ihn zu einer „Unterfamilie" der Kakadus.

Natürlich könnt ihr nun sagen: Das ist uns piepegal, ob der Nymphensittich ein Plattschweifsittich oder eine Art Kakadu ist – uns interessiert nur, ob er ein netter Stubenvogel ist!

Das ist er, aber so ganz unwichtig ist seine Artenzugehörigkeit nun auch wieder nicht, weil Kakadus sich in vielem anders verhalten als Sittiche. Und der Nymphensittich unterscheidet sich eben in manchen Lebensgewohnheiten vom „plattschweifigen" Wellensittich und verhält sich mehr wie ein Kakadu.

Am besten fliegen wir schnell wieder einmal nach Australien. Dort beobachten wir, wie die Nymphensittiche leben und worin sie sich von den Wellensittichen unterscheiden.

Ihr Lebensraum ist der gleiche wie der der Wellensittiche. Nymphensittiche lieben auch das gesellige Leben, aber sie finden sich zu wesentlich kleineren „Verbänden" zusammen als die in großen Schwärmen lebenden Wellensittiche. Nymphensittiche bilden nur kleine Trupps von 20 oder 30 „Köpfen". Diese Trupps führen ein regelrechtes Nomadenleben. Da sie die Grassamen nur reif verzehren, sind sie ständig auf Wanderschaft, um das richtige Futter zu finden. Ihre Brutzeit fällt in die Monate Oktober, November, Dezember, denn dann beginnt in Australien der „große Regen" (oder sollte es wenigstens), dann wachsen die Wildgräser, deren reife Samen der Nymphensittich auch für die Aufzucht seiner Jungen braucht.

Bei der Arbeit des Brütens zeigt sich ein weiterer Unterschied zum Wellensittich: Während der Wellensittich, wie wir ja wissen, seinem Weibchen diese Arbeit ganz allein überläßt, es dafür aber vollständig mit Nahrung versorgt, löst das Nymphensittich-Männchen seine Frau beim Brüten ab. Meist übernimmt er die „Tagschicht" und sie brütet nachts. Manchmal löst sie ihn

Nymphensittich

aber auch am Tage für ein paar Stunden ab. Das ist natürlich ein wesentlich anderes Verhalten, denn bei keiner der Plattschweifsittich-Arten lösen die Partner sich beim Brutgeschäft ab, es ist stets nur Sache des Weibchens, während bei den Kakadus die Brutablösung die Regel ist. Gebrütet wird in einer Höhle, zum Beispiel in den Astlöchern abgestorbener Bäume, die Eier legt das Weibchen einfach auf den Boden der Höhle. Nistmaterial wird nicht gebraucht.

Äußerliche „Angleichung" an die Kakadus ist der drollige Federschopf des Nymphensittichs, den er zwar nicht ganz so gelenkig bewegt wie ein echter Kakadu, aber hübsch entfächern kann er diesen Schmuck auch. Ein weiteres äußeres Merkmal sind die Wangenflecke, die es nur bei den Kakadus gibt.

Auch in seinem Benehmen erinnert der Nymphensittich mehr an einen Kakadu, wenn er sich zum Beispiel kopfunter an das Käfigdach oder einen Ast hängt.

Überlassen wir es den Wissenschaftlern, sich endgültig für seine Einordnung zu entscheiden. Für uns soll er der „Mini-Kakadu" bleiben.

Übrigens – nun muß ich euch schnell noch erzählen, woher der Name „Kakadu" kommt und was er bedeutet. Er soll aus dem malaiischen Wort „kakatua" kommen und bedeutet Kneifzange. Läßt tief blicken, nicht? Aber so ein Kakaduschnabel kann wirklich die Kraft einer Kneifzange entwickeln. Beim „Mini" ist das natürlich nicht so arg!

Die ersten Beschreibungen des hübschen Vogels erreichten Europa schon Ende des 18. Jahrhunderts. Sie stammen von dem deutschen Naturforscher Johann Friedrich Gmelin. Dann war es natürlich Sir John Gould, der die Nymphensittiche bei seinen Australienreisen beobachtete und beschrieb. Vereinzelt kamen dann auch Nymphensittiche mit Seeleuten nach England, aber sie gingen nach den großen Strapazen, denen sie ausgesetzt waren, bald ein.

Doch irgendwann müssen welche nicht nur überlebt, sondern sich auch vermehrt haben. Etwa Ende des 19. Jahrhunderts begann die erfolgreiche Zucht dieses Großsittichs. Wie der Wellensittich, erwies sich auch der Nymphensittich als sehr anpassungsfähig und wandelte sich vom Wildling zu einem echten Zuchtvogel. Daß er trotzdem nicht so verbreitet ist wie der wesentlich kleinere Wellensittich, hängt sicher mit seiner Größe zusammen, er ist ja beinahe taubengroß, und das ist für einen Stubenvogel doch schon eine recht stattliche Größe! Es gehört ein Käfig in der passenden Größe dazu – und zu dem großen Käfig wiederum ein nicht zu kleines Zimmer.

Aber bevor wir uns mit der Unterbringung des Nymphensittichs befassen, muß ich euch noch sein Aussehen schildern.

Sein Naturkleid ist schlicht

Er trägt sich nicht so bunt wie der Wellensittich. Das Federkleid des Nymphensittichs ist eher dezent: Kopf und Haube sind zitronengelb, die Spitzen der Haubenfedern bräunlich. Ein großer orangeroter Fleck ziert die Wangen und gibt ihm, im Verein mit dem Federschopf, ein sehr markantes Gesicht. Im übrigen ist er in sanfte Grautöne gekleidet, wobei die Flügel bei beiden weiß gesäumt, die Schwanzfedern nur beim Weibchen gelb gebändert sind. Ansonsten ist das Weibchen zwar ebenso gefärbt wie das Männchen, aber die Tönung ihres Gefieders ist „blasser", nicht so kräftig wie beim Männchen. Sieht man sie nebeneinander sitzen, lassen sie sich gut unterscheiden. Junge Nymphensittiche werden leicht für Weibchen gehalten, weil auch ihr Gefieder ein bißchen verwaschen aussieht.

So ist also das „Naturkleid". Aber der Nymphensittich hat sich ja zu einem Zuchtvogel entwickelt, und da gibt es dann immer Überraschungen. Es hat zwar wesentlich länger als beim Wellensittich gedauert, bis Farbabweichungen oder in der Fach-

Nymphensittiche

sprache Mutationen, eintraten. Aus Amerika kam vor noch nicht allzu langer Zeit die Kunde von den ersten weißen Nymphen. Sie kosteten sehr, sehr viel Geld, für ein Paar wurden viele tausend Mark bezahlt. Aber gerade diese weißen Minis erwiesen sich als sehr gesund, frohwüchsig und fruchtbar und das wirkte sich erfreulich auf den Preis aus. So ist ein weißer Nymphensittich zwar heute immer noch teurer als ein wildfarbener, aber doch durchaus erschwinglich. Und natürlich erinnert er noch viel mehr an einen Kakadu!

Inzwischen treten weitere hübsche Farbvariationen auf; schon gibt es gescheckte, geperlte, gesäumte und Silber-Nymphen. Er fängt auch auf diesem Gebiet an, dem Wellensittich Konkurrenz zu machen!

Nun aber zu seinem Käfig.

Seine Unterbringung

Vom Kopf bis zur Schwanzspitze kann er stolze 35 Zentimeter lang sein, das ist fast doppelte Wellensittichgröße! Ganz klar, daß man ihn nicht in einen Wellensittich-Käfig zwängen kann, daß sein Bauer erheblich größer sein muß. Jeder Vogel sollte soviel Spielraum in seinem Käfig haben, daß er sich bequem drehen und wenden kann, ohne überall mit den Schwanzfedern anzustoßen: Das wäre bald ein trauriger Anblick, wenn er mit abgebrochenen, zerfaserten Schwanz- und Flügelfedern herumhockte! Mindestens 80 Zentimeter, besser noch einen vollen Meter lang sollte der Käfig sein, recht hoch und natürlich quergedrahtet: der Nymphensittich ist ein begeisterter Kletterer! Die Inneneinrichtung muß mit Bedacht vorgenommen werden, zu viel Sitzstangen würden nur die Bewegungsfreiheit einschränken. Drei, höchstens vier Stangen

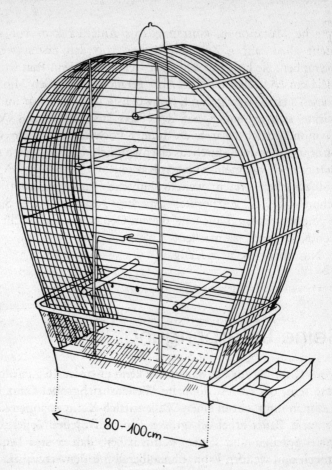

Der Käfig eines Nymphensittichs

genügen. Ihr könnt dabei ebenso verfahren wie bei den Wellensittichen, nämlich verschieden starke Äste zu Sitzstangen zurechtschneiden und mindestens eine Keramikröhre anbringen. Ansonsten wird alles so gehandhabt wie beim Vetter Wellensittich.

Das Futter

In der Hauptsache bekommt er Körnerfutter, nahezu die gleiche Mischung wie der Wellensittich. Es gibt aber auch Spezialmischungen für Nymphensittiche, die außer Glanz, Hirse und Hafer noch Sonnenblumenkerne und Hanf enthalten. Beides schmeckt dem großen Mini (kein Widerspruch: Er ist größer als der Wellensittich, kleiner als der Kakadu), doch kommt bitte nicht auf die Idee, ihm nun nur noch Hanf und Sonnenblumenkerne zu geben, „weil er diese doch so gern mag". Das wäre so, als wolltet ihr nur noch Pommes frites und Schokolade futtern. Allerdings würdet ihr das sehr viel früher satt haben als der Nymphensittich die fetten Körner.

Wenn ihr kein Spezialfutter für den Vogel bekommen könnt, kauft ihr einfach Wellensittich-Mischfutter und fügt dem Sonnenblumenkerne und Hanf zu, aber nicht mehr als 150 bis 200 Gramm von den Sonnenblumenkernen und höchstens 50 Gramm Hanf auf ein Pfund Wellensittichfutter. Kolbenhirse nimmt der Mini ebenso mit Wonne, auch angekeimte.

Mit Grünfutter und Obst müßt ihr zuerst etwas vorsichtig sein und beobachten, ob er auch keinen Durchfall bekommt. Apfelstückchen und Birnenschnitze, Vogelmiere und anderes Grün könnt ihr ihm anbieten, an die frischen Zweige denkt ihr ja sowieso. Auch Mohrrüben solltet ihr ihm geben, aber nicht gerieben, sondern in großen Stücken. Der Mini ist groß und kräftig genug, um die Mohrrübe so zu zerknabbern. Er mag auch mal ein bißchen hartgekochtes Ei, aber nicht zuviel. Maiskörner könnt ihr anquellen und ihm dann hinstellen, bitte nicht zuviel auf einmal, ihr wißt ja, angequollenes oder gekeimtes Futter schimmelt schnell! Auch ein paar Erdnüsse als Sondergabe oder Nußkerne wird er wohl gern nehmen. Aber seit mit diesen sehr ölhaltigen, nahrhaften Bissen sparsam! Ein verfetteter Vogel wird langweilig, träge und außerdem vermutlich bald krank.

Auf den Käfigboden gehört wieder ein guter, mit Kalk durchsetzter Vogelsand, zusätzlich streut man noch Taubengrit auf den Boden. Sepiaschalen braucht ihr nicht unbedingt aufzuhängen, ihr könnt sie einfach mit auf den Boden legen: der Nymphensittich wird sie mit Begeisterung zerkleinern. Es gibt auch sehr harte sogenannte „Picksteine", so einen könnt ihr zusätzlich aufhängen.

Oft werden Käfige angeboten mit einem sogenannten „Schmutzgitter" über dem Boden. Damit soll erreicht werden, daß Sand und leere Hülsen nicht aus dem Käfig fallen. Für meine Begriffe ist es eine Gemeinheit, einen Vogel dazu zu zwingen, auf einen Drahtgitter herumzulaufen ähnlich den unglücklichen Hühnern in einer Batterie-Haltung. Wir wollen uns doch bemühen, unserem Stubenvogel ein Leben zu ermöglichen, das so natürlich wie nur möglich ist! In der Natur aber läuft der Nymphensittich sehr gern auf dem Boden herum, sucht dort nach Körnern, aber „Schmutzgitter" behindern ihn dabei nicht. Wer ein Tier hält, muß auch bereit sein, gewisse Unbequemlichkeiten in Kauf zu nehmen. Dazu gehört bei einem Vogel, daß er gelegentlich ein bißchen Sand oder Körnerhülsen in die Gegend schmeißt. Außerdem kann man den Käfig in eine Plastikschale stellen, um das zu verhindern.

Nach dieser kleinen Abschweifung zurück zum Futter und zwar zu dem, was er *nicht* bekommen soll: Haltet ihn von allen gezuckerten und gesalzenen Speisen fern! Wurst und Käse, Kuchen und Schokolade gehören nicht in den Magen des Nymphensittichs. Auch kein Brot. Und kommt nie auf den Einfall, ihm gesalzene Nüsse zu geben. Sagt nun nicht empört: So etwas tun wir doch nicht! Dazu kann es aus Gedankenlosigkeit schnell kommen, wenn man selbst Salznüsse knabbert. Der Sittich merkt das bestimmt und will auch etwas haben. Ganz in

Gedanken gibt man ihm dann eine Nuß – oder auch zwei oder drei, bis einem einfällt: Ach herrjeh, die soll er ja nicht kriegen!

Ich muß da mal wieder auf meine Leserpost zurückkommen. Wie oft hat man mir schon geschrieben, es wäre so ein drolliges Bild, wenn der zahme Stubenvogel morgens oder mittags oder abends auf den Eßtisch gehüpft käme und sich dann selbst emsig bedienen würde. Einer aus der Zuckerdose, der andere sogar aus dem Salznapf (!), wieder ein anderer bevorzugt fette Wurst oder scharfen Käse. Ich habe ja schon geschrieben, daß ich das vor allem erst schon mal aus hygienischen Gründen gar nicht so drollig finde. Hinzu kommt, daß der Vogel dabei gesundheitlichen Schaden nehmen kann. Was soll's also? Wir wollen doch unsere Heimtiere mit Vernunft halten, auf daß sie gesund bleiben und uns lange Zeit Freude bereiten.

Stimmt ihr mir zu? Ganz gewiß!

Auch ein Klettergerüst oder ein Kletterbaum gehört zur „Nahrung" des Sittichs, denn die Rinden, die er mit Vorliebe abnagt, enthalten Wirkstoffe, die seiner Gesundheit guttun. Darüber hinaus ist so ein Turngerät aber gerade für den Kletterkünstler Nymphensittich ein wahres Paradies.

... aber Platz muß man haben

Ja, das ist leider so. Einen Nymphensittich kann man nicht in einem kleinen Zimmer halten, dafür ist der nette Kerl denn doch zu groß. Man kann ihn nicht in einen Minikäfig sperren, nicht einmal in einen Wellensittich-Käfig, der wäre für ihn eben schon zu klein. Darum muß man sich die Anschaffung des Mini-Kakadus natürlich doppelt und dreifach überlegen. Es ist besser, auf diesen Vogel zu verzichten, als daß man ihm ein Leben in zu großer Enge zumutet. Das würde übrigens auch euch bald auf die Nerven fallen. Ein Vogel dieser Größe hat nämlich eine entsprechend kräftige Stimme. Auf engem Raum macht sich das doppelt bemerkbar.

Nun kann man den Nymphensittich sehr gut in einer Freilandvoliere halten. Wenn also ein Garten vorhanden ist, man eine Voliere und einen kleinen Schutzraum bauen kann, ist ein Pärchen Nymphen ein reizender „Gartenschmuck". Nur wird man mit solchen Volierenvögeln natürlich nie so vertraut wie mit seinem Stubenvogel. Über die Volierenhaltung werde ich euch zum Schluß noch einiges erzählen, denn vorerst möchte ich euch noch das Wesen des Nymphensittichs beschreiben.

Er ist ein lieber Kerl

So groß wie er ist, so friedfertig ist er. Nymphensittiche kann man gut mit anderen, selbst sehr viel kleineren Vogelarten halten, was man durchaus nicht von jedem Vogel sagen kann. Raufbolde wird man unter den „Minis" kaum finden. Aber unter Umständen große Schreier. Das kann einem mit allen Papageienvögeln passieren. Gerade ein Nymphensittich kann über eine ganz flotte Lautstärke verfügen. Was macht man nun, wenn man „so einen" erwischt hat? Man kann folgendes versuchen: Man legt sich ein dunkles Tuch griffbereit hin, und schreit der Vogel zu laut, deckt man ihn mit einem „Pfui"-Ruf zu. Ich habe euch ja schon von dem Wellensittich erzählt, der eine quietschende Türangel nachmachte, nicht gerade zum Entzücken seiner Leute, und der mit dieser Zudeck-Methode „kuriert" wurde. Oft glückt es, einen Schreier auf diese Weise zum Schweigen zu bringen – aber nicht immer. Da die Vögel aber durchaus nicht dumm sind, begreifen sie den Zusammenhang zwischen der Verdunkelung und ihrem Geschrei nach mehr oder weniger langer Zeit und lernen auch, daß sie sofort wieder aufgedeckt werden, wenn sie mit dem Geschrei aufhören. Nur gibt es aber auch Krachmacher, bei denen die hartnäckigste Verdunkelung nichts hilft. Solche Vögel gehören in eine Voliere, sie sind für die Stubenhaltung nicht geeignet.

Der Nymphensittich hat es ausgesprochen gern, wenn man sich mit ihm abgibt. Er kann ein ganz zärtlicher Kerl sein, schmiegt sein Köpfchen an unsere Hand oder unseren Kopf, er sitzt einem gern auf der Schulter und läßt sich in der ganzen Wohnung herumtragen. Nur dürft ihr ihn ebensowenig zu zwingen versuchen, zahm zu werden, wie den Wellensittich: Er würde es genauso übelnehmen, versuchtet ihr, ihn zu greifen, aus dem Käfig zu grabschen oder herumzujagen, um ihn wieder zurück in den Käfig zu befördern. Er wird auf die gleiche Weise gezähmt wie der Wellensittich, mit Geduld und Vorsicht.

Noch eine Frage?

Natürlich, ich weiß auch welche: Lernt er sprechen?

Manche ja. Im allgemeinen ist der Nymphensittich mehr dazu begabt, Liedchen nachpfeifen zu lernen. Aber ich kenne welche, die eine ganze Menge Worte gelernt hatten. Sie sprechen nicht so klar wie die Wellensittiche, ihre Stimme ist – was euch erstaunen wird – „dünner" als die des kleinen Sittichs. Man sollte sich beim Kauf eines Nymphensittichs lieber von vornherein darauf einstellen, daß er nicht unbedingt sprechen lernen wird, dann ist man nicht enttäuscht und kann dann höchstens angenehm überrascht werden.

Besonders nett sehen Nymphensittiche aus, wenn sie den Schopf am Kopf aufrichten. Auch ihre Turnkunststücke sind sehenswert, wenn sie kopfüber, kopfunter im Käfig oder an einem Kletterbaum spielen. Dazu benutzen sie auch eifrig ihren Schnabel.

Warnen muß ich aber davor, die „Minis" ohne Aufsicht frei fliegen zu lassen. Mit ihrem kräftigen Schnabel können sie in Windeseile Kleinholz machen, Vorhänge zu Flicken verarbeiten und Löcher in die Wände knabbern. Also Freiflug stets nur, wenn ihr im Zimmer seid. Und wie beim Wellensittich müßt ihr scharf aufpassen, daß der Mini nicht getreten oder von einer Tür zerquetscht wird, denn auch er spaziert gern auf dem Fußboden herum.

Ihr findet gewiß, daß alles sehr gut klingt, was ich euch vom Nymphensittich erzählt habe. Aber vergeßt bitte nicht, die Größe eures Zimmers sehr kritisch zu mustern, bevor ihr euch darauf versteift: Es muß ein Mini-Kakadu sein!

Ich habe nun stets nur von *einem* Nymphensittich gesprochen. Auch dieser Vogel fühlt sich noch wohler, wenn er einen Artgenossen zur Gesellschaft hat. Doch zwei Vögel dieser Größe sind nun wirklich nur in sehr großen Räumen zu halten. Beschäftigt man sich sehr ausgiebig mit einem einzelnen, wird auch er sich gut einleben. Außerdem wäre es auch möglich, einen Nymphensittich und einen Wellensittich in einem Käfig zu halten, wenn die Vögel jung zusammenkommen: eine Art Kompromiß, wenn der Platz nicht für zwei große reicht.

Zum Schluß möchte ich euch noch eine interessante Beobachtung weitergeben, die eine Nymphensittich-Besitzerin in der Zeitschrift „Das Tier" schilderte: Das handzahme Paar lebte in einer großen Zimmervoliere. Abends, wenn die Dame vor dem Fernsehgerät saß, „schliefen" ihre beiden Sittiche ruhig auf ihren Stangen – so dachte sie wenigstens. Aber eines Abends trat in einer Show eine Gans auf – eine richtige, echte, weiße Gans. Und da zeigte sich, daß die Sittiche gar nicht schliefen. Vielleicht hatte die Gans auch geschnattert und sie waren davon aufgewacht – sie machten jedenfalls plötzlich einen Mordsspektakel, flatterten wild im Käfig herum und beruhigten sich erst, als die Gans von der Bildfläche verschwunden war. Die Vögel hatten also den Vogel auf dem Bildschirm als solchen erkannt und müssen ihn irgendwie als Bedrohung empfunden haben.

Das kommt einem sehr verblüffend vor. Aber ich habe ähnliche Beobachtungen an meiner zahmen Rabenkrähe gemacht, zwar nicht gerade mit Tieren auf dem Bildschirm, denn Hucki lebt draußen in einer großen Freivoliere. Aber er reagierte einmal entsetzt auf einen rotbraunen, also „fuchsfarbenen" Rock, den ich angezogen hatte, und er war ebenso entsetzt, als mein Mann in einem grau-weiß-schwarz gemusterten Mantel zu ihm ging. Es dauerte eine Weile, bis mir dämmerte, daß der Mantel ihn vermutlich an einen Sperber „erinnerte".

Nach dieser kleinen Abschweifung zu meinem Huckebein, der schon 20 Jahre alt ist, wollen wir uns nun auch von den hübschen Mini-Kakadus trennen. Ich hoffe, ich habe sie euch eingehend genug geschildert!

Aber zum Abschluß wieder unser Fragen-Spielchen.

Frage 16:

In welchen Punkten unterscheidet sich der Nymphensittich vom Wellensittich?

1. ....

....

2. ....

....

3. ....

....

4. ....

....

Frage 17:

Was muß man sich sehr gut überlegen, bevor man einen Nymphensittich kauft?

1. ....

....

2. ....

....

3. ....

....

(Beantwortung der Fragen am Ende des Buches.)

Sittiche in der Freivoliere

Hat man einen schönen großen Garten, kann man sich das Vergnügen einer großen Vogel-Freivoliere leisten. Natürlich muß man dabei bestimmte Voraussetzungen erfüllen. Am günstigsten ist es, wenn ein genügend großer Schuppen vorhanden ist, den man als Schutzraum verwenden kann. Ein Stallgebäude eignet sich natürlich auch dazu, man kann einen zu großen Raum ja innen abteilen. Die Außenvoliere muß an der Südwand liegen, damit die Vögel genug Sonne bekommen. Innen im Raum werden Sitzstangen angebracht und eventuell Nistkörbchen und Bruthöhlen. Vor dem Ausschlupf wird innen und außen ein Brett für den Anflug bzw. Abflug befestigt. Das ist sehr wichtig, weil die Vögel nicht in einem Rutsch von innen nach außen (oder umgekehrt) fliegen mögen. Die Außenvoliere soll möglichst viel Flugraum bieten, darf darum weder zu klein noch zu niedrig sein. Mindestens sollten es 4×3 Meter bei 2 Meter Höhe sein. Die Bepflanzung und Einrichtung muß so gehalten werden, daß man von den Vögeln noch etwas sieht: Allzuviel ist nicht gut, weniger oft besser. Ein bis zwei Kletterbäume, gut verzweigt, vielleicht noch ein oder zwei Tannen (aber auf keinen Fall Eibengewächse, die sind gefährlich giftig!), noch ein liegender Baumstamm, eine Vogeltränke – das genügt vollkommen. Über der Tränke darf natürlich keine Sitzgelegenheit angebracht werden, dann würde das Wasser dauernd verschmutzt werden.

Das Drahtgeflecht muß gut verzinkt sein und 25 bis 30 Zentimeter tief in den Boden eingegraben werden. Die Maschenweite kann bei Sittichen 16 Millimeter betragen. Eine „Schleuse" sollte man nicht vergessen, ich habe da so meine Erfahrungen gemacht. Huckis erste Voliere hatte keine Schleuse.

Als mein Mann eines Tages aus der Voliere ging, flog Hucki ihm im letzten Augenblick auf den Hut – mein Mann hatte die Tür schon geöffnet –, und wir hatten keinen Raben mehr. Na, wir haben ihn wiederbekommen, aber das erste nach seiner Rückkehr war, daß wir eine Schleuse einbauten, damit er nicht noch einmal auf Herrchens Hut eine für ihn lebensgefährliche Reise unternehmen konnte.

Ich will euch nun keine Bauanleitungen für Freivolieren geben, sondern wollte nur der Vollständigkeit halber erwähnen, daß diese Form der Haltung möglich und ebenfalls sehr reizvoll ist. Aber sie ist auch voller Gefahren, das muß ich hinzufügen.

Bei der Stubenhaltung kann man mit ein bißchen Aufmerksamkeit verhindern, daß ein Vogel bis zur Panik erschrickt. Auch vor Infektionskrankheiten ist er so gut wie sicher, wenn er die Keime dazu nicht schon mitgebracht hat. Parasiten können ihn ebenfalls nur plagen, wenn sie beim Kauf „mitgeliefert" wurden.

Das alles ist bei dem Vogel in der Freivoliere anders. Man kann nicht verhindern, daß herumstreunende Katzen sich an die Voliere schleichen und die Insassen zu Tode erschrecken, das gleiche gilt für Eulen und Käuze. Alle Vögel des Gartens setzen sich zumindest auf das Dach der Voliere, verlieren ihren Kot, können Ungeziefer „abladen". Die kleineren Arten schlüpfen durch das Gitter und beteiligen sich gern am gedeckten Tisch der Volierenkameraden. Natürlich hinterlassen sie ihren Kot, natürlich können dabei Milben und Krankheitserreger eingeschleppt werden.

Man muß sich also entscheiden, ob man seinen Vögeln das „freiere" Leben in einer schönen Voliere bieten will, dabei aber Verluste in Kauf nimmt, oder ob man die beengtere Stubenhaltung, die größere Sicherheit bietet, vorzieht. Wer einen ganz zahmen Sittich haben möchte, ob nun Wellensittich oder Nymphensittich, wird sich für den „Stubenpeter" entscheiden müssen, denn Volierenvögel werden niemals so zutraulich.

Damit wären wir am Ende. Ich hoffe, daß ihr mir einmal bestätigen werdet: „Der Titel ist klasse und stimmt genau: Ich habe wirklich ‚Mehr Spaß mit Wellensittichen', seit ich das Buch gelesen habe."

Was meint ihr wohl, wie ich mich über solche Zuschriften freuen würde!

Beantwortung der Fragen

Frage 1: (auf Seite 8)
John Gould gab den Sittichen den Namen „Wellenpapagei", weil ihr Gefieder eine wellenförmige Zeichnung hat.

Frage 2: (auf Seite 29)
Wellensittiche in der Natur brüten nur dann, wenn günstige Futterverhältnisse vorliegen.

Frage 3: (auf Seite 29)
Bei den Sittichen sorgt das Weibchen für die Wohnung.

Frage 4: (auf Seite 29)
Es ist Aufgabe des Männchens, das Weibchen beim Brüten mit Futter zu versorgen.

Frage 5: (auf Seite 30)
Der Käfig eines Wellensittichs muß genügend hoch sein und recht lang, damit der Vogel genügend Lauffläche hat. Außerdem ist es besser, wenn der Käfig quergedrahtet ist, damit er schön am Gitter klettern kann.

Frage 6: (auf Seite 44)
Um den Wellensittich richtig einzugewöhnen und auf den

ersten Zimmerausflug vorzubereiten, muß folgendes beachtet werden:
1. Man darf kein Geschrei machen und muß sich dem Käfig immer ganz ruhig nähern.
2. Man soll den Vogel nicht sofort nach dem Kauf aus dem Käfig lassen. Er braucht nämlich viel Zeit, um sich einzugewöhnen.
3. Man soll ihn vorsichtig „handzahm" machen.
4. Vor dem Ausflug sollen alle Fenster und Türen geschlossen werden.
5. Man soll ihn nicht in den Käfig zurückjagen, sondern geduldig warten, bis er von allein zurückkommt.
6. Man achte darauf, daß niemand ins Zimmer gestürzt kommt und auf den Vogel tritt, falls er gerade am Fußboden spazierengeht.

Frage 7: (auf Seite 59)
Der Käfig soll an einem zugfreien Platz etwa in Augenhöhe und möglichst mit der Längsseite zur Wand stehen.

Frage 8: (auf Seite 59)
Zur Einrichtung des Käfigs gehören möglichst außen angebrachte Futter- und Trinknäpfchen, drei bis vier Stangen, eine Leiter, eine dicke Sandschicht.

Frage 9: (auf Seite 67)
1. Die Hauptnahrung besteht aus einer Körnermischung für Wellensittiche.
2. Bei der Körnermischung muß man beachten, daß sie aus bekömmlichen Sämereien besteht und frisch ist.
3. Die fertige Körnermischung wird dadurch verbessert, indem man 15 Prozent Glanzsamen hinzufügt.

4. Man darf nicht jeden Salat verfüttern, weil schon geringe Spritzmittelrückstände dem Vogel schwer schaden können.
5. Er darf praktisch jedes Obst bekommen, Beerenobst inbegriffen.
6. Ein besonders gutes Zusatzfutter erhält man, wenn man Kolbenhirse ankeimt.
7. In der Natur kann man viele Wiesenkräuter, Rispen von Gräsern und grünen Hafer für ihn ernten.
8. Man darf nichts Grünes von gespritzten Wiesen oder Wegrändern oder von den Rändern viel befahrener Autostraßen pflücken.
9. Außerdem tun ihm frische Laubholzzweige, besonders im Frühjahr, gut.
10. Auf keinen Fall darf ihm Kalk, Vogelgrit und grober Sand fehlen.

Frage 10: (auf Seite 85)
Man darf sich nicht völlig darauf verlassen, daß ein gut und gesund aussehender Wellensittich keine Krankheitskeime in sich trägt. Man muß feststellen, ob er keine Milben hat.

Frage 11: (auf Seite 85)
In den ersten Wochen und Monaten soll man besonders darauf achten, ob sich an den Schnabelwinkeln Veränderungen zeigen.

Frage 12: (auf Seite 85)
Am Anfang darf man keinen schroffen Futterwechsel vornehmen und muß mit Grünfutter und Obst vorsichtig sein.

Frage 13: (auf Seite 86)
Einem eingewöhnten Vogel kann Zugluft immer gefährlich sein.

Frage 14: (auf Seite 86)
Daß ein Vogel sich nicht wohl fühlt, erkennt man an folgenden Anzeichen: Er hat Durchfall, sitzt am Tage mit gesträubtem Gefieder und geschlossenen Augen herum, er würgt schlecht riechenden Schleim aus und zeigt Unlust, Futter aufzunehmen.

Frage 15: (auf Seite 86)
Man soll den Fußring im Auge behalten, denn dieser kann zu eng werden und dann die Blutzufuhr im Bein abschnüren.

Frage 16: (auf Seite 101)
Der Nymphensittich unterscheidet sich vom Wellensittich in folgenden Punkten:
1. Er lebt zwar auch gesellig, aber in viel kleineren Trupps.
2. Bei den Nymphensittichen lösen Männchen und Weibchen sich beim Brüten ab.
3. Der Nymphensittich hat eine Federhaube auf dem Kopf, die sonst nur Kakadus haben. Auch der Wangenfleck ist ein Merkmal der Kakadus.
4. Der Nymphensittich ist fast doppelt so groß wie der Wellensittich.

Frage 17: (auf Seite 102)
Bevor man sich einen Nymphensittich zulegt, muß man folgendes genau überlegen:
1. Ein Vogel dieser Größe paßt nicht in ein kleines Zimmer.
2. Er braucht einen sehr großen Käfig.
3. Ein großer Käfig ist teuer und ein Nymphensittich kostet auch erheblich mehr als ein Wellensittich.

Titelfoto: Trill, Effem GmbH, Verden/Aller
Innenfotos: Bavaria-Verlag (1)
Trill, Effem GmbH, Verden/Aller (1)
Illustrationen: Ingeborg Haun
Textredaktion: Renate Navé
Bestellnummer: 7093
© 1978 Franz Schneider Verlag
München – Wien
ISBN 3 505 0 7093 9
Alle Rechte der weiteren Verwertung
liegen beim Verlag, der sie gern vermittelt

...und das ist noch in der grünen Freizeit-Reihe erschienen:

(54) HEINZ SPONSEL
So gewinnst du Freunde
Wie man zu einer echten Freundschaft kommt

(30) URSULA DOTZLER
68 Spiele für sonnige und verregnete Kinderfeste

(56) CONRAD SCHURBOHM
Mehr Spaß mit Katzen
Viele Tips im Umgang mit Katzen

(31) DIETER CONRADS
Mehr Spaß mit Pferden
Hier erfährt man alles, was man schon lange über die geliebten Vierbeiner wissen wollte

(65) GÜNTER PADBERG
Mehr Spaß mit deinem Fahrrad
So wird aus deinem Drahtesel ein flotter Renner

(35) SCHNEIDER
Verblüffend einfache Zaubertricks
Zauberei ohne Zauberkasten

(85) VOLKER EIBL
Mehr Spaß beim Experimentieren mit Magneten und Batterien Bd. 2
Tips und Tricks für Bastelfreunde

(50) VOLKER EIBL
Mehr Spaß beim Experimentieren
Spiel und Spannung bei ungefährlichen Versuchen

(93) LENI FIEDELMEIER
Mehr Spaß mit Wellensittichen
Wichtige Tips zur Haltung von Wellen- und Nymphensittichen

(53) DIETER CONRADS
Von Angeber bis Zahnstocher
Gutes Benehmen leichtgemacht

(94) HENNES WEISWEILER
Meine geheimen Fußball-Tricks
Ein großer Trainer verrät wichtige Tips

Diese Nummern stehen auf dem Rücken der Schneider-Taschenbücher und erleichtern das Finden

Die Seite zum Lachen

Ein Meisenpärchen sitzt auf der Hochspannungsleitung. Das Weibchen ist in Tränen aufgelöst, das Männchen versucht es zu beruhigen: „Nun glaube mir doch endlich, daß ich nicht verheiratet bin. Der dämliche Ring ist nur von der Vogelwarte!"

Fragt einer beim Portier: „Wohnt hier ein gewisser Vogel?"
„Jawohl, im ersten Stock, Specht heißt er!"

„Gestern hat mein Papagei Benzin getrunken!"
„Na und?"
„Erst flog er gegen die Decke, dann überschlug er sich zweimal und stürzte senkrecht zu Boden!"
„Tot?"
„Nein, das Benzin war alle!"

Susannchen fragt den Opa: „Ist es wahr, daß Vögel über hundert Jahre alt werden?"
„Gewiß, vor allem die ausgestopften!"

Der rote und der grüne Papagei des Direktors der Irrenanstalt sind entflogen. Als er beide auf einem Baum sitzen sieht, beauftragt er einen Irren, sie herunterzuholen. Als der Irre aber nur den roten Papagei bringt, fragt der Direktor: „Wo bleibt denn der grüne?"
Darauf antwortet der Irre: „Der war noch nicht ganz reif!"

„Warum bist du denn heute so gut aufgelegt, Otto?"
„Ich habe für meine Frau einen wunderschönen Wellensittich bekommen!"
„Das nenne ich einen guten Tausch!"

Der bekannte Taubenzüchter wird gefragt, wieso niemals eine seiner Brieftauben verlorenginge. „Ganz einfach", sagt dieser, „ich kreuze meine Tauben mit Papageien. Wenn sie sich verirren, können sie nach dem Weg fragen!"